历史的转折

第二次世界大战简史

徐蓝 著

人民出版社

前　言

第二次世界大战的隆隆炮声，已经沉寂了 80 年，但人们对这场人类历史上旷古未有的真正全球性大战，至今仍记忆犹新，不能忘怀。作为 20 世纪最重大的历史事件，包括中国人民抗日战争在内的第二次世界大战在人类历史长河中所激起的层层涟漪，一直深刻地影响着战后的历史进程。习近平总书记指出：抗日战争"这个伟大胜利，是中华民族从近代以来陷入深重危机走向伟大复兴的历史转折点"，第二次世界大战的胜利也是人类历史的转折。80 年来，人类社会在政治、经济、军事、科技、外交、社会、文化等各个方面已经发生和正在发生的种种巨大变化，无不与它有着直接或间接的关系。第二次世界大战胜利所留下的丰富遗产，已成为人类命运不可分割的一部分，成为全人类的永久财富。

80 年来，人们不断挖掘浩如烟海的档案文献、个人回忆及书信日记，探究这场规模如此宏大、战斗如此激烈、影响如此深远的战争的真正起因。有关这场战争的历史巨著、影像实录层出不穷；它们揭示着政治家的判断、外交家的谈判、军事家的决策，叙述着战局的曲折发展和平民百姓的悲惨遭际。数不胜数的小说演义、英雄传记、影视戏剧，无情鞭笞着法西斯的邪恶，热情讴歌着人类在危难之际所表现出来的力挽狂澜的非凡能力，歌颂"正义战胜邪恶、光明战胜黑暗、进步战胜反动的伟大胜利"。战斗中一幅幅残酷而血腥、雄伟而悲壮的历史画面，永远震撼着人们的心灵。

这本小书，是对这场决定人类命运的恢宏战争的简洁勾勒，旨在向读者奉献一份信实有据的清晰概述，并引导读者从流逝的历史中更深刻地领悟它所蕴含的有益启迪。

作　者

2025 年 1 月

目 录

引 子

　　1945 年 5 月 7 日凌晨，刚刚被德国新总统邓尼茨元帅授予全权的约德尔将军，来到欧洲盟军最高统帅艾森豪威尔设在巴黎附近兰斯的总司令部，面对着各国记者闪烁的镁光灯，在美英法苏等国的代表面前，无可奈何地签署了德国武装部队无条件投降书。5 月 8 日午夜，在斯大林的坚决要求下，在柏林的苏军司令部举行了更大规模的正式受降仪式，以表明德国向所有盟国投降。在挂有苏美英法四国国旗的灯火通明而又戒备森严的大厅里，苏军元帅朱可夫，盟军远征军副总司令、英国空军上将泰德，美国空军司令斯巴兹将军和法军总司令塔西尼等人，神色庄严地端坐在铺有绿色呢毯的桌子前面，正式接受了德国最高统帅部长官凯特尔元帅在无条件投降书上的签字。至此，在欧洲轰鸣了近六年的炮火声终于停止了，自 1939 年 9 月 1 日以来，欧洲大陆上第一次出现了令人感到兴奋又有点异样的宁静。在这一片宁静之中，第三帝国成了历史的陈迹。

　　然而，当欧洲人民开始享受和平的喜悦时，亚洲和太平洋上的战火仍燃烧未息。直到 9 月 2 日，盟国对日本的正式受降仪式才得以举行。这一天，美国战列舰"密苏里"号——当时世界上四艘最大的战列舰之一，静静地停泊在东京湾里。1853 年敲开日本国门的美国海

日本代表来到"密苏里"舰上签署投降书

军准将佩里的旗舰上悬挂的那面星条旗，已经从海军学院的博物馆空运到日本，并被醒目地展示在该舰甲板的舱壁之上。盟军的代表们威严地各就各位，看着日本外相重光葵拖着一条假腿，步履艰难地爬上舷梯，靠一根手杖的支撑踉踉跄跄地来到甲板上，跟在他身后的但连帮他一把也不肯的是面色阴郁的陆军总参谋长梅津美治郎大将。在美军麦克阿瑟上将致词并宣布受降仪式开始后，重光葵代表日本天皇和政府，梅津美治郎代表帝国大本营，在投降书上签了字。接着，麦克阿瑟以远东盟军总司令的身份在受降书上签字。随后美国代表尼米兹海军上将，中国代表徐永昌将军，英国代表弗雷泽海军上将，苏联代表杰列维扬科中将，以及澳大利亚、加拿大、法国、荷兰、新西兰等国代表也依次在受降书上签了字。从 1931 年 9 月 18 日日本法西斯侵略中国东北、中国开始局部抗战，到 1937 年 7 月 7 日卢沟桥事变日本全面侵华、中国全民族抗战，到 1945 年 9 月 2 日日本正式签署投降书，中国人民抗日战争暨世界反法西斯的第二次世界大战，在历时十四年之后，终于正式结束了。

　　在这个令胜利者相当满意的受降仪式之后，麦克阿瑟向美国发表了广播演说："今天，炮口沉默，一个极大的悲剧已经结束。一个伟大的胜利已经取得。天空不再降临死亡，海洋只为商业效劳，任何地方的人都在阳光下行走。全世界一片安宁和平。……一个新的时代已经降临。"这的确是一首颇为动人的对胜利的赞歌。但是，当世界人民面对梦寐以求的和平而欣喜若狂之时，当人们开始医治战争的巨大物质和精神创伤之时，被震惊的人类不禁扪心自问：这场惨绝人寰的几乎使人类数千年的文明毁于一旦的战争为什么竟会发生？人类为什么竟未能防止和避免这场浩劫？这场浩劫又给了人类哪些深刻的启示？要回答这些问题，我们至少要从第一次世界大战的结束说起。

第 一 章

大战再度来临

一、"一战"后的和平安排——第二次世界大战的温床

1918 年 11 月 11 日上午 11 时，随着西线停火的实现，历时四年零三个月的第一次世界大战宣告结束。在过去近半个世纪中一直未逢敌手的德国，在这场企图重分"阳光下的地盘"的争斗中，终于败在了美国支持下的、以英法为首的协约国的手下。在欢呼胜利的礼炮声的轰鸣之中，列强的争霸斗争开始从战场转移到谈判桌前。

1919 年 1 月至 6 月，英法美等战胜国在巴黎的凡尔赛宫明镜大厅召开了和会，理直气壮地按照胜利者的意图和利益对战后世界的和平进行新的安排。他们声称战败国对挑起这场罪恶的战争负有全部责任，并据此分别拟订了对战败的德国、奥地利、匈牙利、保加利亚、土耳其的和约条款并强迫后者接受；他们建立了世界上第一个由主权国家组成的常设国际组织——国际联盟，希冀维持战后的和平，以及维护胜利者在这些条约中获得的全部利益，从而在欧洲、近东和非洲建立了战后资本主义世界的新秩序，史称"凡尔赛体系"。在这个体系中，对德国的《凡尔赛条约》是其关键。该条约宣布德国是发动战争的罪魁祸首，因此要求它把欧陆的 13.5% 的领土和 10% 的人口割让给其他国家，向胜利者交出全部海外殖民地，接受严格的军备限制，并承担巨额赔款的偿付。不仅如此，胜利者还要求德国接受协约国占领莱茵河西岸领土 15 年、东岸 50 英里为不设防区的决定，从而在法比边界上敞开着协约国进入德国的大门。然而当年与其他列强一样平起平坐、不可一世地争雄世界的德国，岂能心甘情愿接受这样一

个和约？和约为德国的复仇主义者提供了煽动民族情绪的好借口。实际上，巴黎和会刚刚结束，德国便喊出了"打倒凡尔赛条约"的口号。该条约的缔造者之一，当年的英国首相劳合–乔治也早在和会期间就预感到了这种危险，他在 1919 年 3 月 26 日所写的、主要为督促法国尽早签订对德和约的《枫丹白露备忘录》中写道："你们可以夺走德国的殖民地，将它的军队裁减到只够建立一支警察部队的数量，将它的海军降到五等国家的水平。这一切终归毫无意义，如果德国认为 1919 年的和约不公平，那么它将会找到对战胜国进行报复的手段。"曾任协约国总司令的法国元帅福煦听到凡尔赛条约签订后，曾非常精确地说："这不是和平，这是 20 年的休战。"当 20 年后纳粹德国发动对波兰的侵略从而在欧洲大陆再次燃起大战的战火时，谁又能说他们言之不预呢！

巴黎和会并不是一个胜利者皆大欢喜的盛会。还有一个也算是战胜国的意大利，却因没有得到多少好处而心怀不满。意大利在战前本已与德奥结成同盟国，但在大战爆发后却按兵

凡尔赛和约签订仪式（1919 年）

不动，待价而沽，一年后背弃同盟，站到出价更高、获胜希望也更大的英法协约一方参战。作为一个没有打过多少胜仗的战胜国，意大利的经济和军事实力相当薄弱，而扩张野心却不小——企图重温昔日罗马帝国的旧梦，把地中海变成自己的内湖。但是在巴黎和会上，英法对意大利颇为冷淡，即使它以退出会议相威胁也不满足它的"利令智昏"的要求，使其野心严重受阻。于是在以后的日子里，意大利便成了一个扰乱现存国际秩序的因素。

作为重要战胜国之一的美国，已通过大战而跃为世界第一经济强国。战后它踌躇满志，以为凭借自己的经济优势和对"自由、开放的世界"的执着追求，就能赢得对欧洲列强长期主宰世界事务的国际格局的挑战，使自己登上世界霸主之位。但是在巴黎和会上，美国有三个软肋：一是海军和陆军的实力远不及英、法；二是外交经验严重不足；三是国内大选造成威尔逊总统立场软弱。因此，美国的勃勃野心遭到了竭力保持并扩大既得利益且外交斗争经验相当丰富的英法政治家们的顽强抵抗，致使美国不但未能得到多少实际利益，而且它精心设计的国际联盟也变成了英法等国维护自己利益的工具，并徒然使美国承担了许多义务。于是美国参议院愤而拒绝批准凡尔赛条约，也不参加国际联盟，任凭自己留在凡尔赛体系之外，却通过决律规定欧洲协约国必须偿还大战中对它欠下的战债。

然而，亚太地区的局势却令美国甚感担忧。处于东亚一隅的小小岛国日本，在大战前已依托 1902 年的英日同盟取得了日俄战争的胜利，逐渐成为亚洲一个不可小觑的国家。大战期间，日本在已经同英、俄分别订有密约的情况下，以对德宣战为名，趁列强忙于欧陆的厮杀无暇东顾的"天祐"良机，出兵中国，夺取了德国在山东的全部利权，并占领了德国在太平洋上的岛屿属地。巴黎和会上，列强纵容日本，承认日本在战时侵吞的利益合法化，更助长了日本妄图独占中国，称霸亚太地区甚至争夺世界霸权的野心。这不仅为中国人民所不容，也与坚持对华"门户开放"政策的美国发生了尖锐冲突，还威胁到在亚太地区有很大利益的英国。于是在美英的协调下，1921年11月至1922年2月，亚太地区有利害关系的九个国家在华盛顿召开会议，通过一系列条约，虽允诺英美日法四国相互尊重在太平洋岛屿属地的权利，但解散了曾使日本获得巨大好处的英日同盟，抑制了日本扩充海军的计划，只允许它的主力舰吨位达到英、美的60%，还要求日本向中国交回山东主权并接受对华"门户开放""机会均等"原则，使日本的扩张势头受挫，列强在亚太地区的均势得以维护。

华盛顿会议所建立的列强在亚太地区的新的国际关系结构，史称"华盛顿体系"。美国为它在外交上的这一胜利而得意欢呼，日本军国主义者则把这次挫折视为奇耻大辱，一时间主张日美开战的叫喊声甚嚣尘上。只是由于日本的经济及军事实力还远不足以与美英相抗衡，所以只得暂时忍耐，但排挤英美、独占中国、称霸东亚甚至争霸世界仍然是它的既定国策，不曾改变。

第一次世界大战曾被当时的人们称为"结束一切战争的战争"。第一次世界大战结束后，人们曾深信不疑世界将享有和平。然而战胜国通过"凡尔赛—华盛顿体系"对世界秩序做出的安排，却无论在欧洲还是亚洲都激起了新的不满与冲突。特别是在意大利、德国和日本，一股反动的思潮——法西斯主义的思潮开始滋生蔓延。并在20世纪30年代形成了国际范围内的法西斯运动，德意日三国也在欧亚大陆成为第二次世界大战的策源地。

二、法西斯运动的兴起

"法西斯"一词来源于拉丁文"Fasces",原意指中间插着一把战斧的一束棍棒,是古罗马帝国高级长官的一种权力标志,在他们出巡时其扈从每人肩负一束,寓意人民必须服从至高无上的国家权威,否则立即绳以斧钺。今天,"法西斯"是一个令人憎恶的字眼,在人们的日常用语中,它成了独裁、暴政和恶行的代名词。在第一次世界大战爆发以前,世界上任何地方都不曾存在法西斯主义。毫无疑问,正是由于大战带来的社会大动乱及其造成的破坏和引发的危机,以及在一些国家中出现的激烈的民族主义情绪和对"红色"革命的深深恐惧,才产生了称之为法西斯主义的运动。在世界范围内,这一运动几乎同时产生于具有浓厚封建主义和军国主义传统、资产阶级议会民主力量相对薄弱、极端民族主义思潮大大泛滥的意大利、德国和日本,并最终在这些国家成了气候,先后掌握了国家政权,并为这个世界带来了另一场世界大战的灾难。

在弱肉强食的帝国主义角逐场上,被讥为乞丐帝国主义的意大利素来贫弱。"一战"后即爆发了严重的经济危机,人民生活困苦不堪,民怨沸腾,工农大众纷纷揭竿而起,现存社会秩序难以维持。与此同时,由于巴黎和会上意大利要求获取阜姆港(今克罗地亚里耶卡)的失败而引发的民族主义情绪达到狂热程度,人人大骂政府无能才使国家遭此羞辱,打倒政府、武力夺占领土的呼声遍及全国。但是接二连

| 贝尼托·墨索里尼

三、频繁更迭的短命内阁却无法应付这社会动乱的现实，当权者惊呼政权难保，强烈要求组成一个"能够确保社会秩序的强有力的政府"，恢复秩序，向外扩张。正是在这种充满矛盾的混乱之中，产生了以贝尼托·墨索里尼为首的法西斯运动。

1883年墨索里尼生于一个铁匠家庭，虽家境贫寒，但他从小就野心勃勃。有一次他竟对母亲说出"将来我要让世界发抖"的狂言。在他的早期政治履历中，他曾是意大利社会党人，后投身意大利的第一个法西斯组织——"国际行动革命法西斯"（后更名为"革命干涉行动法西斯"），狂热鼓吹参加"一战"将为扩大意大利版图开辟新的喜人前景。意大利参战后他应征入伍。大战一结束，墨索里尼便决定重建法西斯组织，名为"战斗的意大利法西斯"，其目标就是要夺取全国政权。最初他以左的面目出现，但惨遭失败。于是他改变方向，转而投靠统治阶级，公开宣称要把"意大利从共产主义的恐怖下解放出来"。他成立了以退伍军人、狂热的青年学生和从不干好事的恶棍地痞无赖为主要成分的法西斯行动队。这些队员身穿黑衫、手拿武器，高举手臂行"罗马式"敬礼，以维持现政权的打手姿态出现，同军警沆瀣一气，合谋制造白色恐怖，专干残酷镇压革命力量之事，以此博得了权势集团的信任。1921 年墨索里尼终于进了议会。接着他把战斗的意大利法西斯更名为国家法西斯党，以古罗马的"束棒"标志为党徽，选举自己为党的"领袖"，公开表明要建立极权制以恢复罗马帝国的霸业。

自此以后，墨索里尼紧锣密鼓地开始了夺取全国政权的准备工作。他在全党组织法西斯武装战斗队，不断夺取地方政权，到 1922 年 10 月 27 日，墨索里尼终于在统治集团的暗中支持下，借国家法西斯党为全国第一大党和拥有武装的优势，发动了"向罗马进军"的行动。消息震惊京城，无能内阁被迫辞职。31 日墨索里尼在国王授权下组成第一届法西斯政府。从此他用尽一切手段实行一党专政，把党政军财经大权集于一身，终于在 1929 年建立了意大利法西斯极权体制。

就在墨索里尼认为他稳操政权之时，1929 年爆发于美国并很快蔓延到资本主义世界的经济大危机袭击意大利。为摆脱困境，墨索里尼频频发出好战叫嚣，把暴力引入外交，不断在巴尔干、北非地区制造麻烦，并最终于 1935 年发动了侵略埃塞俄比亚（当时名为"阿比西尼亚"）的战争，把无辜人民投入到战火之中。

与意大利相比，德国的法西斯组织出现得并不算晚，虽然在掌握政权的时间上墨索里尼先声夺人，但是在意大利发端的法西斯运动却是经过德国的纳粹运动才发展到了登峰造极的地步。

战后初期的德国是欧洲最为动荡的国家。经济的凋敝，社会的动乱，以及一向自负的德国民众因凡尔赛条约而感到的难以忍受的民族屈辱，孕育出了强烈的民族复仇主义和疯狂向外扩张的不正常心理。对现状的不满和改变现状的要求，使德国出现了形形色色的政治团体和党派，纳粹党的前身、1919 年 1 月成立的德意志工人党便是其中的一个。德意志工人党原是一个在慕尼黑的以工人为基础的仅有数十人的小党、带有民族主义和反犹主义色彩。但军方对这个小小的政治团体心存疑忌，便派一名当地陆军政治部的下士前去调查。没料到这位下士惊异地发现该党的主张竟与他本人的许多思想相同，这引起了他的兴趣，并颇有点戏剧性地从刺探情报者变成了该党的领导成员！这位下士便是后来给德国和世界带来厄运的阿道夫·希特勒。

希特勒 1889 年出生在奥地利邻近德国的小镇勃劳瑙的一个海关小职员家庭，从小受到民族主义和种族主义熏陶，他连中学也没有上完，想进艺术学院又未被录取。在父母双亡后，20 岁的希特勒独自一人到维也纳闯荡。在以后的四年中他过着流浪生活，靠打零工或出售拙劣的临摹画糊口，常身无分文，与饥饿为伴。然而正是在他称之为"我一生中最悲哀的时期"中，他的民族主义、反犹主义、反社会主义和反民主主义思想得到了大大的巩固与发展。此外他从冷眼旁观中学会了煽动蛊惑民众的种种狡猾技巧，确信以铁腕人物与恐怖手段才能统治国家，他还懂得了要想接掌政权，必须博得上层权势集团的支持。

1913 年，希特勒来到德国南部的慕尼黑谋生，仍囊中一贫如洗，无正式职业。第二年大战爆发，他立即志愿参加陆军。在四年的战争中希特勒作战狂热，两次负伤，两次获得铁十字勋章，并升为下士。在第二次疗伤期间，希特勒得知德国战败并发生了革命，建立了共和国。这使他极受刺激，并深信右翼分子为了替战败寻找替罪羊而编造出来的"匕首神话"，即德国战败的原因并非在战场上，而是由于国内的犹太人和马克思主义者给了德国"背后一剑"！由此这个从骨子里仇恨民主崇尚专制的人便下决心投身政治。他很快回到慕尼黑，在陆军从事政治工作，不久便碰到了上文所说的德意志工人党。从此希特勒这个乱世奸雄便开始把过去积聚的全部能量释放出来，推动这个原本默默无闻的小党派的活动发展成一场席卷全国并最终建立了第三帝国的法西斯运动。

1920 年，在希特勒的鼓动下，德意志工人党改名为民族社会主义德意志工人党，简称纳粹党（"纳粹"是德语民族社会主义一词的缩写 Nazi 的汉语音译）；他把一大批身强力壮的退伍军人和社会无赖组成纳粹党的准军事组织冲锋队，这批凶狠之徒身穿褐色制服，专事攻击政敌以制造威势；他采用长期以来在一些民族主义团体中被用作雅利安德意志精神象征而闻名的带钩十字"卐"（据说"卐"字是古代居住于苏台德地区德意志人的图腾崇拜，意为太阳）作为纳粹党的标志，并亲自设计了红底白圆心、中间嵌上一个硕大黑色"卐"字的纳粹党旗，以吸引民众。他参与制定党纲，即"二十五点纲领"，其中虽包括一些反对垄断资本主张社会改革的条款，但那不过是为了吸引彷徨无助生计艰难的下层民众，从不打算兑现，而诸如废除凡尔赛条约、排斥所有犹太人、把所有德意志血统的人统一在一个大德意志帝国之中等极端民族主义的条款，才是他追求的目标。

1921 年，希特勒成为纳粹党元首，在党内实行层层独裁的"领袖原则"，这也成了以后第三帝国的模式。希特勒的野心随着他在党内地位的上升而膨胀。1923 年 1 月，法、比军队占领鲁尔地区，德国发生了如脱缰野马一般的恶性通货膨胀，破产的人们咒骂魏玛共和国，社会动荡不安。希特勒视此为千载难逢的推翻共和国的机会，便学着一年前墨索里尼向罗马进军的模样，于当年11月策划了一次啤酒馆暴动，企图一举夺取全国政权。但这次在希特勒看来唾手可得的胜利，却在不到24小时内便迅速化为泡影，希特勒锒铛入狱，被判五年徒刑，但一年后便获释出狱。然而这次失败的暴动却使希特勒和纳粹党在全国出了名。

在狱中希特勒口授了《我的奋斗》一书，该书逻辑混乱、语言枯燥乏味且臃肿冗长。他在书中喋喋不休地宣扬雅利安种族优越论，诬蔑犹太人是寄生虫，攻击马克思主义和资产阶级议会民主，鼓吹"领袖原则"和独裁统治，露骨地谈论扩张有理的"生存空间"论，宣称德国必须与法国算账，向俄国扩张。这本集法西斯主义之大成的书籍为未来的第三帝国描绘了令人毛骨悚然的蓝图，成了纳粹党的"圣经"。

但是，魏玛共和国熬过了战后初期的风浪，凭着道威斯计划的实施，美元贷款不断输入，在以后的几年中，经济复兴、外交成功，前途似乎光明，因此希特勒和他的纳粹运动也就时运不佳，更为重要的是，虽然德国的主要权势集团——国防军和垄断资本家心中也同样存有希特勒无休止谈论的思想，但他们对纳粹党仍心存芥蒂：这帮在一个下士率领下的吵吵嚷嚷要进行社会改革的人到底要干什么？靠他们就能重振国威吗？

尽管许多人心灰意冷，希特勒却锲而不舍地等待时机。只是他现在要通过现有的议会夺取政权。希特勒使出浑身解数，走遍全国，在继续鼓吹种族优越的同时，向各种不同的人群许下不同的诺言。他向陆军许诺要重整军备以恢复他们昔日的光荣，用共产主义恫吓民族主义者和资产者；他向保守派许诺要恢复特权，却又向人民许下社会主义；他许给冲锋队员自由使用暴力并建立了党卫军，又向总统保证要建立一个法治政府；他无情攻击共产党人，威胁打击社会民主党……。靠着这些手段，他分裂了反对他的联合阵线。到 1929 年快结束时，像一场大火一样席卷全世界的经济大恐慌终于给希特勒送来了机会，他立即抓住不放，展开大规模竞选活动。结果在 1930 年大选中，纳粹党的议席竟从 1928 年的 12 席上升到 107 席，一跃成为仅次于社会民主党的国会第二大党！这个结果就连希特勒自己也是做梦都没有想到的！此后纳粹运动继续发展，到 1932 年纳粹党终于成为国会第一大党。1933 年 1 月 30日，希特勒应 86 岁总统兴登堡之召就任总理。这一天是魏玛共和国的末日，德国历史开启了进入法西斯专政的黑暗年代。

希特勒志得意满地上了台，他取缔了共产党和社会民主党，清洗了冲锋队中的不识时务者，剪除了党内外的政敌和从前的盟友。1934 年 8 月兴登堡去世，希特勒成为享有党政军无限大权的"元首兼国家总理"，终于确立了一党专政的希特勒个人独裁的"元

| 1934 年，希特勒在纽伦堡纳粹党全国代表大会上行纳粹礼

首"极权主义体制。他掌握着现代国家机器，却无情践踏着现代文明的一切准则。他的第三帝国实行暴政恐怖统治，管制经济，专政文化，禁锢思想，残害犹太人，建立了世界历史上前所未有的法西斯专政。同时他打着"扩张生存空间"的旗号，实行"要大炮不要黄油"的政策，让经济服从战争需要，使德国日益变成一个对世界和平和人类生存构成巨大威胁的欧洲战争策源地。

与意大利和德国的法西斯运动相比，东方的日本有着不同的形态。日本虽然也有形形色色的民间法西斯组织，但既未出现领袖，也未形成统一运动，它是由日本政治生活中有着特殊地位和权力的军部自身实现了法西斯化，并自上而下地把近代天皇制改造成了法西斯政权。

作为军事封建帝国主义，日本在"一战"后不仅面临国内的政治经济危机，还面临着亚洲民族解放运动的高涨。出于向外扩张和与英美等老牌帝国主义争夺亚洲及世界霸权的需要，日本的法西斯分子于1919年成立了日本第一个民间法西斯组织"犹存社"，该社名称取自中国晋代大诗人陶渊明的《归去来辞》："三径就荒，松菊犹存"；也有人认为是取自中国唐代诗人魏征在《述怀》中的诗句"纵横计不就，慷慨志犹存"。无论如何，这一名称的表面意义便相当明显，即借以表明，目前世界虽受社会主义与和平民主潮流冲击，但"日本民族之魂"将仍然屹立；而其真实意图，用该社发行的小册子的话来说，就是"我们握着双刃之剑。这把剑，对于弥漫亚洲的不义行为将严惩不贷，同时对待损害日本的邪恶势力更有如秋霜烈日"。野心真是不小。尽管它不久就发生了分裂，但从犹存社开始，日本兴起了种种法西斯主义思潮和五花八门的法西斯组织，他们虽分合无常，但都反共反民主，鼓吹对外扩张，要求"国家改造"。在这些组织中，军部的法西斯势力最强，影响最大。

所谓军部，一般是指由日本的陆军参谋本部、海军军令部、内阁中陆军省的陆相和海军省的海相及其中高级官员、陆军教育总监，以及关东军和其他军事机关为中心所组成的一个重要的政治和军事机构集合体。一批"少壮派军官""中坚军官"是军部中的重要成员。军部具有帷幄上奏权，依靠陆海军或其总体的军事力量，干预国家政治。

1921 年 10 月 27 日，三名年轻的法西斯分子、日本陆军军官在德国莱茵河畔的巴登巴登温泉聚会，讨论国内外形势，约定回国后将致力于"消除派阀、刷新人事、改革军制、建立总动员态势"，达成了日本之后向外扩张并与英、美、苏决战的"巴登巴登密约"。其中就有中国人并不陌生的战争罪犯冈村宁次，另外两人是永田铁山和小畑敏四郎，因此该密约又称"三头密约"。第二天东条英机便加入进来。日本军队法西斯运动由此开端。这些人回国后就开始招兵买马，邀集志同道合、年龄相近的陆军中下级军官，在军队内部组成法西斯团体。他们在军中大力宣传未来的战争是调动一切人力物力的总体战争，因此必须先用武力把中国的满蒙地区夺到手中以补日本经济之不足，然后以全中国为基地，才能同英美苏争霸。为此他们要求改变军队"任人唯亲"的派阀关系，起用有才干之人，并要求改造国家，排除政党政治，确立军部的政治支配地位，建立法西斯极权体制。

这批野心极大的军官不仅有言论，更有行动，他们要用对外发动战争的方法加速实现上述主张。1931 年 9 月 18 日，他们借世界经济危机之机，精心策划制造了震惊中外的侵略中国东北的"九一八事变"，率先把日本变成了远东战争策源地。侵略中国的得逞，不但提高了军部的政治地位，也鼓舞了军队法西斯分子夺取国家政权的野心。他们一面以"防止赤化"、拥戴天皇权威为口号迫害一切进步人士，实行思想禁锢，一面使用恐怖暗杀手段，于1932年5月5日刺杀了首相犬养毅，使总共维持了不到10年的日本政党政治早早结束。

但是在推行法西斯化的过程中，军部并非一帆风顺。陆军中的法西斯分子分为两派，一派主张继续用恐怖手段搞政变，建立以天皇为中心的军事法西斯独裁统治，称为"皇道派"；另一派主张运用军部现有特殊地位，与官僚财阀结为一体，依靠合法手段自上而下建立军部独裁，称为"统制派"。两派争斗结果，"统制派"掌握了陆军大权。"皇道派"不服，于1936年2月26日发动军事政变，但很快被前者镇压下去。随后登台执政的广田弘毅内阁便是日本法西斯政权初步建立的标志，因为它唯军部法西斯之意旨是从，否定了大正民主时期陆、海相的文官制，恢复了陆相和海相由现役军人担任的旧制，为军队法西斯分子控制政权提供了合法途径；它开始让经济为战争服务并确定了扩大对外侵略的方针，以独占中国和向南洋发展为基本国策。从此日本加紧扩军备战，为全面侵华战争做着准备。

随着德意日法西斯运动的发展和法西斯政权的相继建立，战争的乌云开始在空中聚集，并在这聚集过程中不断发出道道闪电。这闪电在亚欧大陆引发了团团侵略的战火，而点燃这火焰的法西斯恶魔虽遭到无辜弱小民族的坚决还击，却为西方大国所纵容姑息，致

使局部火势越烧越大，终于达到了非经过一场世界大战才能遏止的
程度。

三、九一八事变，第二次世界大战拉开序幕

战胜国在"一战"后作出的和平安排——凡尔赛—华盛顿体系，
为 20 世纪 20 年代的资本主义各国带来了短暂的和平时期。在美国参
与下制定的恢复德国经济的措施，使德国的经济靠滚滚而来的美元贷
款而一时走上了正轨。欧洲的经济生活得以恢复正常，更给美国带来
了空前的繁荣。这繁荣曾使旧世界惊叹和羡慕，似乎在这个新世界里
生活的人个个都能发财，人人都有成功的机会，人们甚至大胆断定贫
困正在消失。然而在这并非完全虚伪的繁荣背后也藏有真实的隐患：
农业和陈旧工业的长期不景气，贫富差距的实际加大，金融投机活动

| 美国经济危机

的空前猖獗，股票则疯涨到票面价值的 50% 以上……凡此种种都时时影响着资本主义这巨大的经济机器的运转，终于有一天它运转失灵了。

1929 年 10 月 24 日，以纽约股票市场大崩溃为起端，一场迄今仍使人们心有余悸的世界最大的经济危机从美国横扫全球，随即欧美各国的工、农、商、金融各行各业均遭无情打击，失业大军高达 3000 多万人，破产小农也有好几百万人，垄断资本巨头惶惶不可终日，统治集团惊恐万状。于是他们纷纷实行民族经济保护主义，美国率先高筑关税壁垒，英国最早组成英镑集团，一时间统一的世界经济四分五裂，各国之间的关税战、货币战、市场战混打作一团，空前激烈。在这场经济战中，金融储备较为雄厚，占有地盘又较大的英法美等国，资源相对丰富，对付危机自有较大余地；而德意日三国财政原本拮据，占有地盘又较小，一向资源不足而仰赖他人，处境自然最为不利。他们在加紧统制国内经济的同时，大力宣传对外扩张，声称既要以武力侵占那些富饶的弱国，又要对他们所憎恨的那些富国开战。

在这一片叫嚣声中，日本法西斯分子叫得又响又早。关东军参谋石原莞尔早在 1929 年就宣称"由于满蒙的合理开发，日本的繁荣自然可以恢复，失业之有识之士亦可得到救济"；另一高级参谋板垣征四郎则在 1931 年 5 月毫无掩饰地提出"切实拥有支那（"支那"为日本对中国的蔑称）以增强国力……就能完成未来争霸世界的战争准备"。于是战争的乌云不仅最早出现在亚洲天边，而且很快带来了战争的第一道闪电，这就是日本一手制造的侵占中国东北的"九一八事变"。

1931 年 9 月 18 日，日本关东军在沈阳北郊柳条湖附近炸毁南满铁路一小节单面路轨，却反诬中国军队所为，随即借机发动大规模进攻且进展迅速。但当时的东北军不战而溃，军政要员四处逃避，第二天，日军占领沈阳。

　　九一八事变是日本军国主义者长期推行对华侵略扩张政策的必然结果，也是他们为把中国变成其独占殖民地而采取的严重步骤。在此民族危难之际，中国共产党率先高举武装抗日的旗帜，1931 年 9 月 20 日，中共中央发表《中国共产党为日本帝国主义强暴占领东三省事件宣言》，揭露日本帝国主义的侵华野心和南京国民政府的不抵抗政策，响亮地提出"反对日本帝国主义强占东三省"的口号。9 月 21 日，中共满洲省委通过《日本帝国主义侵占满洲和目前党的任务》的决议，提出武装民众、发动游击战争。11 月 27 日，刚刚在江西瑞金宣告成立的中华苏维埃共和国临时中央政府发表对外宣言，号召全国人民动

1931 年，九一八事变后，日军入侵东北

员起来，武装起来，反对日本的侵略。东北各族民众和未撤走的东北军爱国官兵组织抗日义勇军，抵抗日军侵略。党中央派周保中、赵一曼等到东北，加强党组织的力量。1932 年，杨靖宇、赵尚志等共产党员根据党的指示也被派到东北，在东北组织游击队，开展抗日游击战争。到 1933 年初，由共产党直接领导的巴彦、南满、海龙、东满、宁安、汤原、海伦等抗日游击队相继成立，逐渐成为东北的主要抗日力量。1936 年初，东北各抗日部队改编为东北抗日联军，继续与日寇战斗。

自 1931 年起，在中国共产党的领导下，中国人民在白山黑水之间奋起抵抗日本法西斯的侵略，成为中国人民抗日战争的起点，同时揭开了世界反法西斯战争的序幕。与此同时，抗日英烈可歌可泣的英雄事迹，永远被人们传颂，成为后人学习的榜样。赵尚志，这位东北地区最早的共产党员之一、东北抗联的创建人和领导人之一，曾创建了中共巴彦抗日根据地，并与李兆麟等创建了珠河、汤原抗日根据地。当他在对日寇的作战中身负重伤壮烈牺牲时，年仅 34 岁！赵一曼，这位党的女儿，在与日军的战斗中不幸被俘，在狱中受尽酷刑，仍坚贞不屈，最后英勇就义。她在《滨江述怀》一诗中写道："未惜头颅新故国，甘将热血沃中华"，充分表达了为祖国、为民族甘愿奉献一切的坚定信念和英雄气概！

九一八事变发生后，当时国民政府下令不抵抗，幻想依赖国际联盟便可迫使日本撤兵。然而英国作为国际联盟的领袖，正在为自己国内的严重财政问题和欧洲局势的日渐吃紧而大伤脑筋，根本不愿意为一个遥远的被侵略国伸张正义而得罪过去的盟友，因此对日本的侵略听之任之。美国虽高喊不承认日本造成的侵略事实，但并无一点对中国的实际援助和对日本的制裁。最后国际联盟只同意派李顿调查团来调查日本的行动是否属实，美国则派代表参加了这个调查团。日本对列强的态度自然十分领会，进攻更加肆无忌惮，居然敢在列强视为利益中心的上海制造了令英美等国极为震惊的一·二八事变。

1932年1月28日夜，日军发动了对上海闸北区的进攻。以广东客家人为主的国民革命军第19路军北上抗日，在距离中国春节过年只有10天的淞沪抗战中，在敌我力量最为悬殊的战斗中英勇杀敌，自己也伤亡惨重。当时流传的一句话：百万粤军三千归，粤地家家挂白绫。从此为了纪念19路军过节抗日，广东地区每逢过春节，家家户户都会挂起白头春联（即春联上方有一条白色），以缅怀先烈，铭记历史。在19路军的坚决抵抗中，在民众纷纷组织义勇军、敢死队等的协助作战中，日军遭到沉重打击。一·二八事变是抗日战争中的中日军队首次全面对抗，日军的嚣张气焰受到遏制，中国的抗日精神为之一振。

四、一二·九抗日救亡运动和《义勇军进行曲》

中国东北的沦陷，激起全国人民的抗日怒潮。日本占领东北后，又将侵略魔爪伸向华北。为了挽救日益严重的民族危机，1935年8月，中国共产党在"八一宣言"中提出停止内战，集中一切国力抗日救国。1935年下半年，日本策动所谓"华北自治运动"，妄图使华北五省（指当时的河北、山东、山西、察哈尔和绥远）变为"第二个东北"，脱

一·二九运动中，北平学生示威游行

离中国版图。国民党政府继续采取对日不抵抗政策，中华民族面临亡国灭种的危险。

严峻的形势使北平（北京的旧称）的青年学生痛感"华北之大，已经安放不得一张平静的书桌了"！在中国共产党地下组织的领导下，1935 年 12 月 9 日，北平的数千名学生冒着严寒聚集在新华门前，向国民党当局请愿。他们高呼"打倒日本帝国主义""反对华北自治""停止内战，一致抗日"等口号，并举行示威游行。手无寸铁的爱国学生却遭到了反动军警的暴力镇压。这就是著名的一二·九运动。这场抗日爱国救亡运动，揭露了日本侵略者企图吞并华北的阴谋，打击了国民党政府对日妥协政策，促进了全国抗日救亡运动高潮的到来。

在青年学生奋起斗争的同时，一首激励民众与日本法西斯斗争的歌曲也唱遍全国。这就是由中共党员田汉作词、聂耳作曲的《义勇军进行曲》。

起来！不愿做奴隶的人们！

把我们的血肉，筑成我们新的长城！

中华民族到了最危险的时候，

每个人被迫着发出最后的吼声。

起来！起来！起来！

我们万众一心，

冒着敌人的炮火，前进！

冒着敌人的炮火，前进！

前进！

前进！进！

这首歌本是为电影《风云儿女》创作的主题曲。影片丁1935年5月24日首映，这首歌曲也随之迅速传遍全国。这铿锵有力的悲壮歌声，成为激励中国人民奋勇抗战的号角。中华人民共和国成立后，这首歌被确定为国歌，成为中华人民共和国的象征和标志。

为团结全国各民族各阶层的力量抵抗日本法西斯的侵略，建立抗日民族统一战线就成为当务之急。1935年底，中共中央在瓦窑堡举行政治局扩大会议，确定了建立抗日民族统一战线的方针。会后，毛泽东在《论反对日本帝国主义的策略》的报告中指出，目前政治形势的基本特点是日本帝国主义要变中国为它的殖民地，中日民族矛盾上升为主要矛盾，党的任务是建立由中国共产党领导的抗日民族统一战线。瓦窑堡会议后，中国共产党采取切实措施，推进日益高涨的抗日救亡运动。1935年底，党中央派刘少奇到华北恢复、整顿和重建华北各地党组织，迅速打开了抗日工作的新局面。

中国共产党的抗日主张得到全国各界的支持。在中国共产党的抗日民族统一战线政策的感召下，原本在西北负责"围剿"红军的国民党将领张学良、杨虎城与红军停战，要求蒋介石停止内战、联共抗日。但蒋介石顽固坚持"攘外必先安内"的政策，亲赴西安威逼张学良、杨虎城继续进攻红军。张学良、杨虎城在多次恳请无望的情况下，于1936年12月12日扣押了蒋介石，实行"兵谏"，并通电全国，提出停止内战，一致抗日等八项主张。这一被称为"西安事变"的事件，一时震惊了中外。

西安事变发生后，中国共产党从全民族的利益出发，主张和平解决，联蒋抗日。党中央派周恩来到西安参加谈判。在中国共产党和各方面的协商努力下，蒋介石被迫承诺"停止剿共、联红抗日"。抗日民族统一战线初步形成。

五、1937年卢沟桥事变，大战首先在亚洲爆发

1937年7月7日，日军在北平西南卢沟桥附近演习时，借口一名士兵"失踪"，要求进入宛平县城搜查，遭到中国守军第29军的严词拒绝。日军遂向中国守军开枪射击，又炮轰宛平城。第29军将士奋起抗战。这就是震惊中外的七七事变，又称卢沟桥事变。日本终于

发动了全面侵华战争，全民族抗战也由此展开。卢沟桥事变发生的第二天，中共中央向全国发出通电："平津危急！华北危急！中华民族危急！只有全民族实行抗战，才是我们的出路！"

中国的全民族抗战，标志着反法西斯的第二次世界大战东方战事的开端。中国的抗战，开辟了世界反法西斯战争的东方主战场。

战端初启时，日本统治集团普遍认为只需"对支一击"，便可凯旋班师，并决定将这次事变称为"华北事变"，日军源源不断地开到华北。但日本侵略者打错了如意算盘。在中国共产党的积极努力推动下，早在事变爆发前就使中国出现了"工农兵学商，一齐来救亡"的抗日高潮。因此战争爆发时，日本面对的是四亿人民组成的铜墙铁壁般的抵抗。事变爆发的第二天，中国共产党中央委员会就发表了号召全国人民奋起抗日的宣言，指出"日本帝国主义武力侵占平津与华北的危险，已经放在每一个中国人的面前"，"只有全民族实行抗战，才是我们的出路"，呼吁"国共两党亲密合作抵抗日寇的新进攻"。同日，毛泽东、朱德、彭德怀等红军领导人致电蒋介石，表示红军将士愿意"为国效命，与敌周旋，以达保土卫国之目的"，红军将领朱德发出"实行对日抗战"的号召。在国民党方面，第29军司令部命令全军将士"应与桥共存亡，不得后退"；蒋介石也于7月17日发表了著名的"庐山谈话"，表示"如果战端一开，那就是地无分南北，年无分老幼，无论何人，皆有守土抗战之责任，皆应抱定牺牲一切之决心"。

为了促进国共两党实现团结合作抗日，党中央派周恩来等将《中共中央为公布国共合作宣言》交给蒋介石，表明了中国共产党决心与国民党等团结抗战的赤诚之心。9月22日，国民党中央通讯社发表了中共中央的宣言；23日，蒋介石发表了实际上承认共产党合法地位的谈话。中共中央的宣言和蒋介石的谈话，宣告了国共两党重新合作和抗日民族统一战线的形成。

根据国共两党协议，共产党领导的红军主力改编为国民革命军第八路军，简称八路军，朱德、彭德怀为正、副总指挥，下辖三个师，全军约 4.6 万人；南方的红军游击队改编为国民革命军陆军新编第四军，简称新四军，叶挺、项英分别担任正、副军长，下辖四个支队，全军约 1.03 万人。举国上下迅速形成团结一致，共赴国难的局面。

在抵抗日军的进攻中，驻守平津地区的中国守军第 29 军将士在军长宋哲元带领下打得惨烈顽强。守卫卢沟桥的部队组成敢死队与敌鏖战。卢沟桥这座历史名桥见证了中国军队誓死抗击日寇的英勇一幕。当时流传着一首《卢沟桥歌》，歌中唱道：

> "卢沟桥！卢沟桥！男儿坟墓在此桥！
> 最后关头已临到，牺牲到底不屈挠！
> ……
> 卢沟桥！卢沟桥！国家存亡在此桥！"

当日军重兵进犯南苑，并动用飞机低空扫射、轰炸时，第 29 军副军长、45 岁的佟麟阁和 132 师师长、年仅 39 岁的赵登禹仍然率领官兵拼死抵抗，分别壮烈殉国。为了纪念他们，北京市至今仍有以他们的名字命名的街道。

1937 年 7 月底，平津失陷。

在日本进犯平津的同时，便策划对上海的进攻。8 月 9 日，驻上海的日本海军陆战队的一名中尉和一名水兵肆意驱车闯入上海虹桥机场警戒线内，与中国保安队卫兵发生冲突，当场被击毙。日本立即以此事为借口，提出撤退上海保安队、拆除所有防御工事等无理要求，准备进攻上海。10 日，日本陆海军中央紧急磋商向上海派兵问题，并得到内阁会议的确认。12 日，日本陆军省和参谋本部提出向上海派兵的方案。13 日，日军在上海北站和北四川路之间与中国守军发生冲突，随后向中国军队发动全线进攻，大举进犯上海，中国守军当即予以猛烈还击。于是，日军一手制造的八一三事件爆发。淞沪会战也由此开始。

翌日，中国政府发表《自卫抗战声明》，组织 70 余万人进行淞沪会战。日军调集约 28 万军队和 30 多艘军舰、500 余架飞机、300 余辆坦克，展开陆海空立体攻势。中国军队在张治中等人指挥下，击退敌人多次反扑，守卫宝山的姚子青营 500 多名官兵血战两昼夜，几乎全部阵亡；据守四行仓库的谢晋元团 400 余名壮士孤军奋战四昼夜，多次打败数千日军的猛烈进攻。11 月 12 日，上海市区失守。在此次会战中，中国海军也与日本海军在长江展开搏斗。至 11 月下旬，共击落日本飞机 7 架，重伤日本军舰两艘。中国舰艇损失惨重，大部被炸沉炸伤。对于装备落后的中国守军来说，3 个月的淞沪抗战打得英勇顽强，可歌可泣。

就在淞沪会战进行过程中，9 月 2 日，日本内阁临时会议决定将"华北事变"改称"中国事变"，表明了日本要将这场侵略战争扩大到全中国的明显意图，与此同时，中国的全国抗战也全面展开。到淞沪抗战结束时，中国军队以伤亡 29 万余人的代价，使日本的"对支一击论"彻底破产。

1937 年北平、天津失陷后，日军进犯华北腹地。9 月，太原会战打响。中国守军在忻口、娘子关等地顽强阻击，毙、伤敌军 2 万

八路军赴平型关参战

多人。为了配合友军作战，八路军 115 师在林彪、聂荣臻等指挥下，奉命开赴平型关参战。由于平型关以东是群山连绵的谷地，而两侧高地又便于隐蔽机动和伏击，115 师便决心以伏击手段，歼灭向平型关进犯的日军。9 月 25 日拂晓，日军第 5 师第 21 旅后续部队乘汽车 100 余辆，附辎重大车 200 余

辆，沿灵丘至平型关公路由东向西开进。7 时许，全部进入 115 师的伏击地域。115 师官兵抓住战机，立即全线突然开火，并乘敌人陷于混乱之机，发起进攻，将日军分割包围在 5000 米长的狭沟里，与敌展开肉搏战，歼敌千余人，摧毁汽车百余辆，缴获大量枪支弹药和军需品，取得了华北战场上中国军队主动出击对日作战的第一个大胜仗，一举打破了"日军不可战胜"的神话。八路军首战告捷，使全国人民看到了中华民族的希望之所在，粉碎了国内一些人的"恐日病"和抗日"亡国论"，极大地振奋了人心，增强了全国人民和各爱国武装力量坚持抗战的信心和决心。朱德曾在家书中写道，此战使"全线士气为之一壮。如各军都同我们一样，那就不难打退敌人和消灭敌人"。到 1937 年底，日本已向中国战场派遣了 16 个师团，约 60 万人，

相当于其陆军总兵力的三分之二。

上海失陷，中国首都南京告急。日军侵华气焰更为嚣张。11月17日，日军成立直接受命于天皇的最高统帅部——大本营，而侵华日军则在淞沪会战中国军队撤退之际，以8个师的兵力，分三路水陆并进，进逼南京。12月13日，日军攻陷南京。国民政府把重庆作为战时陪都，迁往重庆。

日军占领南京后，烧杀淫掠，无恶不作。他们对和平的居民和放下武器的被俘中国军人实施了大规模杀戮，或将后者当作练习射击的靶子，或作为练习刺杀的对象，其罪行罄竹难书！战后的《远东国际军事法庭判决书》指出，日本兵完全像一群被放纵的野蛮人似的来污辱这个城市，任意杀人、强奸、抢劫、放火，南京"江边流水尽为之赤，城内外所有河渠，沟壑无不填满尸体"。昔日繁华的六朝古都顿时变成了人间地狱。根据战后中国南京审判日本战犯军事法庭查证，在日军占领南京的六周时间里，遇害的中国军民高达30万人！

1937年11月22日，日军攻破南京防线前夕，留驻南京的外国人为给来不及撤退的中国难民提供避难所，决定建立一个"南京安全区"。他们成立了名为"南京安全区国际委员会"的私人机构，推举西门子洋行驻南京的代表约翰·拉贝任主席。日军占领南京后，多次

约翰·拉贝

强行闯入安全区，实施暴行。但国际委员会及国际红十字会南京委员会的成员，则冒着生命危险，在日军对南京城长达数月的屠杀中保护了数十万中国难民的生命。

六、《论持久战》——中国共产党是中国全民族抗战的中流砥柱

卢沟桥事变发生后，中国共产党发表《为日军进攻卢沟桥通电》，郑重提出"全民族实行抗战"的正确主张。1937年8月中国共产党在洛川召开政治局扩大会议，通过了抗日救国十大纲领，确定了全民族抗战路线，并领导八路军、新四军广泛建立敌后抗日根据地，开辟敌后战场。从此，敌后战场与正面战场构成了抗击日本法西斯的两个平行战场的基本战略格局。

为了动员并组织民众进行全面抗战，明确提出抗战的军事战略方针已成当务之急。面对当时国民党内以"亡国论"和"速胜论"为代表的或悲观或盲目乐观的错误观点和情绪，以及这种观点和情绪的

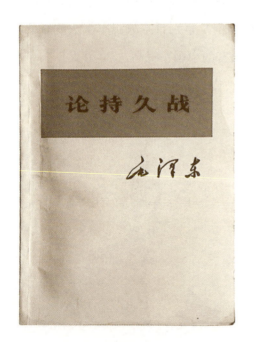

毛泽东在延安窑洞撰写《论持久战》

不断蔓延，毛泽东于 1938 年 5 月 26 日至 6 月 3 日在延安抗日战争研究会上发表《论持久战》的长篇讲演。在这篇讲演中，他以浅显易懂的语言，从理论上说明了中国人民的抗战为什么是持久战。他指出：日本是帝国主义强国，中国是半殖民地半封建弱国；日本侵略战争是退步的、野蛮的、失道寡助；中国反侵略战争是进步的、正义的、得道多助；日本是个小国，经不起长期战争，中国是个大国，能够支持长期战争。正是这些特点，决定了日本的进攻能够在中国横行一时，故中国不能速胜；但也决定了中国不会亡国，中国的胜利要经过长期抗战。他还指出：战争的伟力之最深厚的根源，存在于民众之中；实行人民战争的路线，最后胜利一定属于中国。毛泽东在这个讲演中还科学地预见到抗日战争要经过战略防御、战略相持、战略反攻三个阶段，第二个阶段即战略相持阶段的时间将相当长，而共产党领导的作战也将以游击战为主、运动战辅之，游击战能够取得胜利；经过这三个阶段，中国将从对日劣势到与日平衡再到对日优势，取得抗战的胜利。《论持久战》这一闪烁着耀眼光芒的讲演，阐明了中国共产党的抗日持久战的战略总方针，它像一座灯塔，照亮了中国人民抗战的光明之路，指引着中国抗战的正确方向，增强了全民族抗战必胜的信心和决心。

随着抗战进入战略上的相持阶段，日本侵略者调整侵华战略，将主要兵力用于打击敌后战场的八路军和新四军。与此同时，中国共产党坚决反对国民党统治集团内的投降、分裂、倒退活动，坚决维护全民族团结抗战，运用灵活机动的游击战主动打击日军，遂使敌后战场成为抗战的主战场，并赢得了人民的拥护。

1937 年 11 月太原失守后，在华北，以中国共产党为主体的游击战争就上升到主要地位。根据洛川会议的决定，党领导的军队重点向敌后实施战略展开，发动独立自主的敌后游击战争。当国民党军队在日军的攻击下节节败退的时候，装备简陋的八路军却在敌后大踏步挺进。与此同时，他们同当地的党组织相结合，组织工作团，建立战地动员委员会、抗日救国会等半政权性质的组织。

1938 年 1 月 10 日，由共产党在敌后领导建立的第一个统一战线性质的抗日民主政权——晋察冀边区临时行政委员会（后去掉"临时"二字）成立，恢复了因国民党政权溃逃后陷入混乱的社会秩序，使人民看到了光明和希望。同年 4 月，党中央决定，原来在山西山区活动的八路军三大主力分别向河北和山东的平原地区挺进，开辟新的抗日根据地。新四军各部也利用山区和河湖港汊等复杂地形开展游击战。中国共产党领导的军队在敌后开展的游击战争，其艰苦卓绝程度世所罕见。他们用极其简陋的武器装备、在物质条件极其恶劣的穷乡僻壤，一次又一次粉碎日本侵略军的"扫荡"，在敌人的包围、围剿中创建抗日根据地，并最终在敌后站稳了脚跟，得到了人民的支持和拥护。敌后的抗日战争出现了新的局面。

敌后战场的开辟和游击战争的展开，形成了主要由共产党军队担负的敌后战场。这一战场与主要由国民党军队担负的正面战场一起，形成了抗日战争在战略上相互配合的两个战场。敌后战场迅速发展，牵制了大量日军，成为抗日战争从战略防御发展到战略相持的重要条件之一。

另一方面，在中国共产党领导下建立了陕甘宁、晋察冀、晋冀豫等十多块抗日民主根据地，并在抗日根据地实施各项建设。在抗日民主政权建设方面，根据共产党员、党外进步人士和中间派在抗日民主政权中各占三分之一的"三三制"原则，实行民主建政；推行精兵简政和开展大生产运动；在土地政策方面，实行地主减租减息、农民交租交息，等等。根据地的各项建设，调动了各阶级的抗战积极性，使抗日根据地成为敌后游击战得以坚持并取得胜利的基地，也成为全国政权建设的模范。

七、法西斯国家开始联手兴风作浪

1932 年 3 月 1 日，日本一手炮制的傀儡政权伪"满洲国"登场。到 1933 年 3 月，中国东北已全部沦为日军的铁蹄之下，华盛顿体系处于崩溃之中。姗姗而来的李顿调查团报告书对日本的行为袒护与谴责参半，并不能吓倒日本人。从此日本以中国东北为基地，把侵略魔爪伸向华北和沿海地区，还时时惦记着富饶的长江流域，费尽心机盘算着下一次更大胆的行动。

日本侵略中国东北的危机余波未尽，意大利又在北非生出事端。早就觊觎埃塞俄比亚（旧称阿比西尼亚）的丰富自然资源，早就打算占有它的有利战略地位以扩大意大利的东非殖民地并威胁大英帝国的海上生命线，意大利军队于 1934 年底在埃塞俄比亚的奥加登省瓦尔—瓦尔绿洲向埃军发动突然袭击，事后却反诬埃军挑起冲突。接着墨索里尼便以此为借口，当着全世界的面公然侮辱埃塞俄比亚，要求后者承认意大利占领瓦尔—瓦尔的合法性。

事件发生后，埃塞俄比亚皇帝海尔·塞拉西一世投诉国联，要求为埃国主持正义，惩办侵略者。但英法两国不仅对此事坐视不管，更是通过各种途径，让意大利了解不用为其行为所担忧。在庇护意大利方面法国最为露骨。为拉拢意大利共同对付德国，事件发生后，法国外长赖伐尔赴罗马访问，他带给墨索里尼一份厚礼，即允许意大利在埃塞俄比亚"自由行动"。英国态度狡猾，对此事奉行"双重政策"，即解决这一争端要与意大利协商，同时英国又要忠于国联原则，为小国主持公道。但前者是真，后者不过是掩人耳目。英法私下里制定了种种方案，唯求以和平方式最大限度满足意大利的领土要求，但这些方案难以填满墨索里尼的胃口，都被他断然拒绝，决意发动战争。1935 年 10 月 3 日凌晨，意大利对埃塞俄比亚不宣而战，在世界上点燃了又一处战火。

战争的爆发使英法极为尴尬，无可奈何地对意大利实行了软弱无力的制裁，因为这制裁并不包括意大利进行战争最重要也是最需要的石油资源。墨索里尼后来曾对希特勒承认："如果国联把经济制裁扩大到包括石油在内，那我就不得不在一个星期内撤出埃塞俄比亚。这对我将是个无可估量的灾难"。美国则把当年 8 月通过的"中立法"用于这场战争，禁止向意、埃双方输送武器。但这一切都不能真正制止墨索里尼。与此同时，英法仍暗中策划让埃塞俄比亚割让领土给意大利的方案，这就是臭名昭著的《霍尔—赖伐尔协定》（霍尔为当时英国外交大臣）。该协定被认为是："侵略者得到的东西比他已经得到的还要多一些，虽然比他希望得到的要少一些"。不料消息走漏，舆论哗然，两人先后丢了官，而两国绥靖意大利的真实面目也为世人所看清。意大利继续蔑视国联盟约，践踏正义，扩大战火，终于野心得逞，于 1936 年 5 月吞并了埃塞俄比亚，国联遂终止制裁。英、法演完了牺牲埃塞俄比亚的最后一幕。

在意埃战争的整个过程中，希特勒始终注视着事态发展，英法纵

| 德军越过莱茵河，占领莱茵非军事区

容意大利的所作所为，以及几年来它们对德国重整军备破坏凡尔赛条约的种种行为所采取的宽容态度，特别是 1935 年 6 月英国自己违反凡尔赛条约而同意德国发展海军的《英德海军协定》，都大大增强了希特勒进一步冒险的决心。1936 年 3 月，希特勒不顾他的将军们的反对，出兵开进莱茵兰非军事区，随后便开始修筑齐格菲防线，重重关上了协约国进入德国的大门。

对于这一毁约行为，希特勒也很心虚，后来他曾说过："在进军莱茵兰以后的 48 小时，是我一生中神经最紧张的时刻。如果当时法国人也开进莱茵兰，我们就只好夹着尾巴撤退"。但是法国却迟迟不见行动，对于这一关系到自己生死安全的大事，倒要先得到英国援助；而在英国，那种认为过去有点对不起德国人的心理在作祟，流行的看法竟是德国人"毕竟只是到他们的后花园去罢了！"因此尽管英法两国的军力肯定超过德国，但他们还是毫无阻拦地放过了希特勒的这次挑衅行动，只是口头上提出软弱无力的抗议而已。这对西方乃至世界都是一个灾祸。有人说希特勒的这次得手使他不发一枪就赢得了第二次世界大战的第一仗，这话一点也不过分。因为日后德国采取任何扩张行动都不会再有后顾之忧了。1936年10月德、意建立了柏林—罗马轴心，11月德、日签订《反共产国际协定》，次年11月意大利加入该协定，三个法西斯国家开始联手在世界上兴风作浪。

　　就在国联终止制裁意大利两天之后，即1936年7月17日，西班牙的右翼分子就在德意法西斯的支持下，以驻摩洛哥殖民军头目佛朗哥将军为首，发动了反对共和国人民阵线政府的武装叛乱。政府军和广大民众奋起抵抗，使叛军妄图速胜的打算落了空。但德意两国不顾国际法规，向叛军提供了从飞机大炮军火到人员的大量援助，使叛军得以把内战进行下去；与此相反，英法两国却以所谓"不干涉"政策回答共和国政府向它们提出的提供军火援助的要求，禁止把军火输往西班牙。以后它们又组成"不干涉委员会"，可笑的是连一直在积极干涉这场内战的德、意也是这个委员会的成员；美国虽不在其中，但也对西班牙实行武器禁运。在这种情况下，共和国虽有苏联和世界进步人士组成的国际纵队的援助，但叛军更加张狂。在经历了两年零八个月的英勇战斗后，西班牙共和国终于在德、意、英、法、美等列强的共同扼杀下灭亡了。从此西班牙处于佛朗哥独裁统治之下。

八、战争在欧洲步步逼近

到 1937 年底，环顾世界，战争已在亚洲开始，其他地区的战争乌云也越积越厚，它划出的几道耀眼闪电，预示着还将会有战火将被点燃，而火焰燃烧之处，不仅将会威胁到英国通往东方帝国的交通线，还会直接威胁到其东方帝国的安全。更为严重的是靠近英国本土德国的所作所为，尤令大英帝国的政治家们惶惶不安。保卫本土免遭德国侵略自然是最为重要之事。于是英国在 1934 年便把德国看作自己"最大的潜在敌人"，并开始重整军备。

但是时时把利润放在第一位的英国资产阶级不肯把更多的钱投入军备建设，导致重整军备速度远远落后于德国。与此同时，时时把保住既得利益放在第一位，以维持现状为头等目标的英国当权者则最怕招致与德国的战争。英德战争一旦爆发，不仅英国的利益必定受损无疑，而且谁又能保证它不把德国推到布尔什维克的怀抱之中呢？难道就不能和德国交个朋友，满足它的一些要求，哪怕是牺牲小国利益！这样既可以使德国成为西方防御甚至消灭共产主义的力

尼维尔·张伯伦

量，又可以使它与英国一道维持"欧洲文明"，欧洲问题也就可以"全面解决"了。对意大利和日本也可以同样照此办理。这就是 20 世纪 30 年代英国对德意日等国的毁约扩军、侵略扩张行为始终采取纵容态度的基本原因。在此过程中，绥靖政策逐渐形成。1937 年 5 月，尼维尔·张伯伦成为英国首相，面对羽翼日益丰满的三个法西斯国家和自己军备状况不佳的状态，更是急切而全面地推行绥靖政策，唯求和平永驻，但终将事与愿违。

至于法国，虽然与两个法西斯国家为邻，安全最成问题，但 30 年代法国内部党派斗争激烈，内阁频繁更换，有几届甚至短命到只执政一个月！这样的政府连自己都顾不了自己，更别提如何能强硬地对付德国了。它除了固守一战经验，修筑马奇诺防线实行以逸待劳的消极防御战略之外，剩下的就是指望英国的援助了。于是法国无可奈何地追随英国，走上了绥靖道路。这将给它带来怎样可怕的后果，人们不久就会看清楚了。

1937 年德国虽没有"惊人之举"，但到年末，希特勒的"要大炮不要黄油"的政策已见成效，战争准备已基本完成。按照希特勒的想法，实现 12 年前在狱中的梦想的时刻已经到来。11 月 5 日，他召集军政要员开了一次极重要的秘密会议，根据会议留下的《霍斯巴赫备忘录》，希特勒宣布：现在德国的政策是吞并奥地利，征服捷克斯洛伐克，消灭波兰，夺取俄国境内领土，以解决生存空间问题，然后将使德国成为世界命运的最高主宰。他声称，即使冒引起世界大战的危险也在所不惜。他估计列强不会干涉，因此下决心先解决奥地利，并定下代号为"奥托"的军事行动方案。

1938 年初，希特勒先是以最后通牒方式，用武力威逼奥地利无条件接受他提出的使奥地利实际失去独立的要求，然后借口奥地利未能实行诺言，于 3 月 12 日悍然出兵开进奥地利，并宣布把它并入德国。希特勒兵不血刃，衣锦还乡，大喜若狂到了极点。而英、法除了一纸抗议之外，全然无意为奥地利的独立动一动手指头。因为在张伯伦的"欧洲总解决"中，已把奥地利交由德国处理了，只要是以"和平方式"！希特勒得意洋洋，开始把下一个目标指向捷克斯洛伐克，而针对后者的"绿色方案"早就被军方制定出来了。

奥地利灭亡后，捷克斯洛伐克便处于三面被德国包围的危险境地。但它国家虽小，国力却不弱，更由于它处于欧洲中心、地缘战略位置的特殊重要而与法、苏订有盟约。因此如果它坚决抵抗德国而爆发两国间的武装冲突，法、苏都难逃义务，英国也难保不会介入。

1938 年 5 月，德国打着为居住在捷西北边境苏台德区的 300 万德意志人受到不公正待遇而为他们伸张正义的旗号，在德捷边界集结军队，进行战争恫吓。消息传来，捷政府立即局部动员，似乎战争一触即发，形成所谓"五月危机"。事件发生突然，英法始料不及。尽管把捷克斯洛伐克送上祭坛也是张伯伦的"欧洲总解决"的一环，但这次他不能允许不经过讨价还价就让与德国。所以当法国宣布一旦战争爆发它将站在捷克斯洛伐克一边之后，英国也宣布如果法国践约，它不能保证不介入其中。苏联也声明要同法国、捷克斯洛伐克一道保证捷克斯洛伐克的安全。希特勒虽暴跳如雷，也只好暂时收敛。

然而英法在"五月危机"中的表现，表面坚决，实则不然。他们只是希望有时间劝说捷克斯洛伐克尽早屈服，把苏台德区拱手送与德国，同时乞求希特勒不要动武，允诺他通过和平方式即可得到他所要的一切。

于是并非出于捷、德之邀，英国官员主动奔走于巴黎、布拉格和柏林之间，忙了一整个夏天。与此同时，英、法国内都大力渲染战争恐怖，造成世界大战已迫在眉睫，非牺牲捷克斯洛伐克而不得免的假象。到9月，张伯伦这位69岁的大英帝国的首相决定亲自出马，生平第一次坐飞机去与希特勒做成这笔出卖捷克斯洛伐克的交易。9月15日和22日，张伯伦两次赴德会晤希特勒，一次在伯希特斯加登，一次在哥德斯堡，他不仅向后者表示承认苏台德区分离原则，还伙同法国按照希特勒的要求拟订和修改割让计划，全然无视捷克斯洛伐克的主权，却胁迫捷政府接受割让方案。在此期间，张伯伦还向全国发表了广播讲演，声称"不论我们多么同情一个强邻压境的小国，我们总

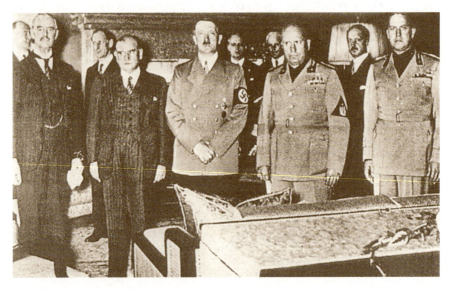

| 慕尼黑会议上的张伯伦、达拉第、希特勒、墨索里尼（左起）

不能仅仅为了它的缘故就不顾一切地把整个大英帝国拖入一场战争"。在一切安排妥当之后，9月29日张伯伦第三次飞往德国，30日在慕尼黑同希特勒、墨索里尼和法国总理达拉第共签协定，按照德国划定的范围，在10天内把苏台德区以及其他捷克斯洛伐克境内讲德语的居民区完整无损地无偿割给德国。等在门外的捷国代表只得到了一张标有割让和撤退地区的地图，他们就这样毫无抵抗地被出卖了。作为交易的另一方，希特勒漫不经心地签署了张伯伦给他的保证"两国人民再也不想彼此交战"的《英德宣言》。张伯伦向希特勒表示了衷心感谢，得意洋洋地回到伦敦，他在机场挥舞着这张纸片，宣布"这是我们时代的和平"。

慕尼黑会议把英法的绥靖政策推到了顶峰。但不幸的是，和平太短暂了，短得还不到6个月！因为得到苏台德区绝不是希特勒在欧洲的最后要求。1939年3月15日德军便开进了布拉格，希特勒再次兵不血刃地抢夺了他人之国，被肢解的捷克斯洛伐克灭亡了。不论是英国还是法国都没有动一动来挽救它，虽然它们在慕尼黑会议时都曾庄严担保过剩余的捷克斯洛伐克的安全。但是希特勒却准备对他的下一个目标——波兰动手了。

布拉格之后仅一个星期，希特勒就以强硬态度要求波兰割让但泽（今格但斯克）并解决波兰走廊问题。根据凡尔赛条约，但泽虽是个以德意志人为主要居民的城市，但已成为国际联盟管辖下的自由市和波兰的出海口，波兰走廊则是一条与但泽相连的向南延伸的狭窄领土，它把东普鲁士和德国本土完全分隔开来。因此，德国人一直对失去但泽和走廊地区耿耿于怀，现在它们成了希特勒对波兰开刀的合适借口，希望再来一次"不流血的征服"。

但波兰没那么容易就被吓倒。波兰政府立即向但泽和走廊地区调集军队，同时以息事宁人的口气坚决拒绝了德国的要求。消息传来，张伯伦内阁手忙脚乱。前不久发生的希特勒背信弃义的做法已使绥靖主义者们感到震惊，国内舆论对慕尼黑政策的严厉谴责更使张伯伦难于招架。他们终于意识到不能一味退让，必须对希特勒有所遏制。现在可不能轻易丢掉波兰，否则就连一条牵制德国向法国进攻的东线也丧失了。因此，张伯伦不得不在他的老家伯明翰发表演讲，在为他的慕尼黑政策辩护的同时，又表现出强硬的姿态："如果以为我国认为战争是一件愚蠢而残酷的事情因而已失去血性，以致在受到挑战的时候也不会尽其全力予以抵抗，那就大错特错了。"接着于3月23日英国与法国正式结盟并开始参谋会谈，然后于31日对波兰的安全给予保证，继之又分别给希腊、罗马尼亚和土耳其提供安全保证，以此组成一条威慑希特勒的东线。在国内也急忙采取应急的备战措施。但是英国的这一系列做法并非真想为了波兰而与德国开战，相反是要让德国知道，这次英国不能再毫无代价地送掉波兰，除非英德合作的大目标能够实现。但"威慑"对希特勒已不起作用。4月3日希特勒批准了侵略波兰的"白色方案"，要求军方准备好在9月1日以后的任何时间里发动军事行动。5月22日德意签订"钢铁同盟"，决心要夺得它们的生存空间而共同与世界为敌。至此乌云已经压顶，欧洲的战争一触即发。

现在稍有头脑的人都会明白，英法只有和苏联联合起来，才可能对德国构成东西夹击态势，使希特勒住手。苏联虽对英法极不信任，但出于自身安全考虑，仍未放弃与英法组成反法西斯同盟的打算。于是1939年4月至8月，英法苏三国进行了关于缔结互助条约的谈判。

但双方无论如何也谈不拢，英法尤其是英国要求苏联对它所有的欧洲邻国提供安全保证，英法只对自己做过保证的波兰和罗马尼亚的安全负责，这令苏联感到很不平等；而苏联提出的英法苏缔结互相承担明确义务的政治军事同盟条约的要求，又让英国怀疑苏联的目的在于让英法允许甚至帮助它在东欧扩张，所以双方谈了近3个月仍无结果。于是苏联建议绕开政治问题，先谈军事问题，但谈判很快又触暗礁，苏联要求苏军有权通过波兰和罗马尼亚领土去打击德国，但波、罗坚决反对，担心"请神容易送神难"，英法也同样怀疑苏联的意图，便不去积极斡旋。因此军事谈判从8月12日谈到21日，最后无结果而休会。

英法苏谈判的失败给了德国机会。原来希特勒虽时时抱有消灭苏联的打算，但由于英法不断绥靖，便也认为英法不足为惧，打算先东灭波兰，再西打法国，然后再挥师东进与苏联开战。为了在进攻波兰和法国时让苏联保持安静，希特勒决心先与斯大林达成协议。德国一直不无担忧地注视着英法苏谈判，一见谈判中断，立即插了进来，答应了苏联的全部要求，因为离规定的动手日期只有10天了。斯大林则从维护自身安全并借机在东欧扩大势力范围的目的出发，终于按照希特勒的时间表，于8月23日和纳粹德国签订了《苏德互不侵犯条约》，其中规定双方互不侵犯，若缔约一方为第三国的进攻对象，另一方不给第三国任何支持。条约还附有一个《秘密附属议定书》，划定了德、苏在芬兰、爱沙尼亚、拉脱维亚、立陶宛、波兰、罗马尼亚的势力范围。

希特勒得到了苏联的一纸保证，当即下令把进攻波兰的日期提前到26日，但25日英、波正式缔结互助条约给了希特勒一个打击，又恢复了原定日期。不过他仍然不相信英国会为波兰而战。战争的机器终于最后发动起来并一发而不可收拾，希特勒下令9月1日对波兰发动进攻。战争在欧洲再度来临，第二次世界大战全面爆发。

第 二 章

德国的"闪电战"
（1939 年 9 月—1940 年 6 月）

一、波兰再度灭亡

1939 年 8 月的最后一天，根据事先的安排，一队党卫军化装成波兰军人，"攻击"了靠近波兰边境的德国小城格莱维茨，并用波兰语进行了几分钟"反德"广播，宣布波兰已对德国发动了进攻。临走时丢下几具身穿波兰军服的德国囚犯尸体，充当德国已被"侵犯"的证据。希特勒立即利用这一"事件"作为对波兰进行公开侵略的口实。9 月 1 日破晓，德军大举越过波兰国境，分北、南、西三路进逼华沙。入侵德军编为两个集团军群：北路集团军群由包克将军指挥，下辖两个集团军，分别从东普鲁士和波兰走廊向南向东插入推进；南路集团军群由伦斯德将军指挥，下辖三个集团军，从中南部向东向北进攻，从而形成钳形夹击波兰的形势。进攻开始时，飞机打头阵。天空中德国机群吼叫着飞向自己的目标：波兰机场和部队、军火库、桥梁、铁路以及不设防城市。几分钟后波兰人便第一次尝到了人类历史上规模最大的来自空中的突然死亡与毁灭的滋味。不到 48 小时波兰的 500 架飞机便被炸烂在机场，再也无法上天了。约 1 小时后，德国各集团军以装甲部队和摩托化部队为前导，在战斗机和轰炸机的支援下向波兰境内突进。这是一场前所未有的大规模的快速机械化摩托化战争。两天之后，德军已切断波兰走廊，攻至维斯瓦河下游、那累夫河和瓦尔塔河。

就在波兰已变成一片火海的时候，英法两国并没有表示他们急于履行自己对波兰的保证，他们虽发给德国要求停止军事行动的措辞强硬的照会，但没有行动，甚至指望墨索里尼的最后调解。直到 9 月 3

希特勒慰问开赴波兰战场的德军士兵

日，当一切企图使希特勒撤兵的希望都完全落空时，英、法才相继对德宣战，于是第二次世界大战全面爆发了，欧洲成为继中国之后的另一个"二战"战场。然而英法在西线并没有什么大动作去援助波兰人，这一点希特勒从一开始就看得很清楚，因此他只在齐格菲防线配置了刚够守住它的兵力，在波兰则继续大踏步挺进。

面对德军的入侵，波兰人民的抵抗极为英勇壮烈，他们曾用骑兵对付坦克，用长枪对付大炮，用令人难以置信的刚强精神前赴后继地牺牲。但是整个波兰军队准备不足，不仅装备落后，连防御工事也未用心修筑，可是波兰当局对自己的军事力量又过于自信，并指望西方盟国的援助，因此便把部队全部集结于德波边界的月牙形防线上，以为不久便可以发动对德军的反攻。这种毫无进退伸缩弹性的部署，在机械化入侵的钳形攻势面前必然极易被攻破。果然波军在德军的高速度大纵深的推进下不是被歼灭就是被分割包围，成为留在德军后面的孤军，抵抗迅速土崩瓦解。一周后，北路集团军群已占领波兰走廊，渡过马斯河，从北直逼华沙；南路集团军群也前出到维斯瓦河和华沙地区。14 日华沙被半包围，16 日南北两路德军在布列斯特以南会师，波兰军队都已陷入德军的分割包围之中。

　　大局已基本决定。9 月 17 日波兰政府逃往罗马尼亚。当天苏联一方面宣布在战争中保持中立，一方面以波兰已不复存在并宣称苏联认为保护波境内的乌克兰和白俄罗斯少数民族同胞的利益是其神圣职责为由，出兵越过波兰东部边境。这背后的一击决定了波兰的最后命运，因为它简直没有什么部队可以抵御这第二次入侵了。9 月 18 日德苏两国军队便在布列斯特—立托夫斯克会师。华沙受到毁灭性的狂轰滥炸，但坚强不屈的波兰士兵一直抵抗到 27 日，28 日华沙沦陷。当华沙军民仍在坚决抵抗，企图挽救这个苦难民族的命运之时，德苏已开始就如何瓜分波兰进行交涉。在华沙沦陷的第二天，两国便达成了分赃协议。与 8 月 23 日签订的秘密议定书有所不同，根据斯大林的愿望，除爱沙尼亚和拉脱维亚外，现在立陶宛也划归苏联，卢布林省和华沙省的一部分则置于德国名下，这样波罗的海三国就都落在苏联手里。为了使苏联不参加西方阵营以解除自己在进攻法国时的后顾之忧，希特勒满足了苏联的要求。随后他把获得的波兰西部和西南部的领土直接并入德国版图，其余部分则变成"帝国总督区"。那些在第三帝国控制下失去了祖国的波兰人特别是犹太人将受到怎样的种族灭绝的待遇，我们在后面就会讲到。无论如何，波兰是又一次灭亡了。

德国仅用 35 天便置波兰于死地，靠的是集中兵力，在航空兵配合下密集使用坦克摩托化部队实施高速度大纵深的战略性突击。这种战略战术使西方目瞪口呆，不久在英美报刊上就出现了一个新名词——"闪击战"（又称"闪电战"），并叫人谈虎色变。然而在这一个月的时间里，英法作为对德宣战的波兰盟国又在干些什么？当德军肆意践踏波兰国土时，在西线的法国军队 80 多个师与德军 23 个师对峙，但不见法军动静。直到 9 月 9 日法军才在齐格菲防线上打开一个小缺口，向东突进了几英里，然后便停了下来，眼睁睁地看着波兰挨打而不救，使希特勒的闪击战一举奏效。英国虽在海上已与德军交锋，但它的第一批远征军 4 个师直到 10 月下旬才到达法、比前线，这时波兰已不存在。波兰亡国后英法更是不想再动干戈，于是便造成了人类战争史上少有的宣而不战的"静坐战"状态。

二、西线无战事——"假战争"

在波兰被迅速征服后，欧洲战场出现了半年多的平静时期。西线无战事。德国人把这种战争称为"静坐战"，美国人称为"假战争"，张伯伦称为"晦暗不明的战争"，军事家称为"奇怪的战争"。在此期间，双方军队隔着一个公认的"无人区"彼此遥遥相望；英、法军队静静地坐在钢筋水泥的工事后面，眼看德军士兵在前线铁路上卸下军火弹药而不去干涉；虽然间或也有英、法的飞机飞临德国上空，但投下的不过是一些宣传品；百无聊赖的盟国士兵用文体活动打发时光……似乎战争魔鬼已经沉睡。盟国政府虽然也在考虑对德国的全面进攻计划，但他们小心谨慎地不放第一枪，唯恐把战魔吵醒激怒。他们还指望德国人会继续东进攻打苏联。

但希特勒并未高枕安眠。波兰战役结束之时，正是他开始考虑进攻西欧之日。为了掩人耳目，希特勒又玩起了"和平"的老把戏，向英法发动和平攻势。10 月 6 日他提出和平倡议，向法国表示"愿意永远埋葬彼此之间的旧仇宿怨"，向英国表示"只有德国同英国达成谅解，欧洲和全世界才可能有真正的和平"。他还提出召开欧洲大国会议解决和平问题，真可谓动听之极。但是达拉第这次并不买账，张伯伦和他的战时内阁则要希特勒拿出"令人信服的证据"表明他对和平的诚意。希特勒立刻把英法的拒绝当成继续战争的好借口，要求他的将军们准备对法国进攻。

其实希特勒在 9 月底就曾固执地提出要在西线尽早发动进攻的要求，但陆军部的将领们坚决反对，理由是要修整坦克，准备军火储备，如此匆忙必定对取胜没有把握等。但希特勒渴望战争，渴望再来一次速战速决。他对将领们的怯懦感到腻烦，曾多次发布进攻命令，无奈天公也不作美，迫使他不得不一而再，再而三地延期。直到 1940 年 1 月 10 日，希特勒终于决定把进攻日期定在 17 日，路线是假道比利时与荷兰进攻法国。然而 13 日他又一次取消了原定的进攻。主要原因是出乎意料的，即一位携带着进攻西欧的全面作战计划即"黄色方案"的空军军官乘坐的飞机在比利时上空因迷失方向而迫降，由于无法把这一重要文件全部烧毁，致使一部分落入盟国之手。这一事件不但迫使希特勒又一次推迟了进攻日期，而且当春天再作出进攻决定时，"黄色方案"早被全盘修改而代之以一个全新计划了。

三、东方战犹酣——苏联建立东方战线

　　西线暂时偃旗息鼓，东线却是兵戎相见，不过这不是德苏交锋，而是苏联为防备德国而与它的西部邻国作战。尽管苏德两国已许诺互不侵犯并写下字据，但斯大林仍感到希特勒的隐隐杀机。在国内刚刚完成了大清洗，各行各业都未做好战争准备的情况下，必须先在西部边界加筑防线以阻抗德军向东挺进。

　　第一步是现成的——把分到的波兰领土西乌克兰和西白俄罗斯地区并入苏联，再与已经算在自己名下的爱沙尼亚、拉脱维亚和立陶宛订立互助条约，根据"共同防御"原则，苏联便可以在三国建立军事基地并驻扎军队。这一步在 1939 年 10 月完成了。

芬兰战士

接下来是北方的小国芬兰。它早就是苏联的一块心病。因为列宁格勒（今圣彼得堡）距苏芬边界仅 32 公里，一旦发生战争，这十月革命的圣地便难免遭攻击。于是苏联在 10 月正式向芬兰提出自以为条件宽厚的要求：靠近列宁格勒地区的芬兰边界向北推移 20—30 公里，苏方以卡累利阿东部 2 倍于此的领土作为交换；以每年 800 万芬兰马克租借芬兰的汉科半岛 30 年。不料芬兰断然拒绝，这使苏联极为不快，决定诉诸武力。11 月 28 日苏联单方面废除 1932 年签订的苏芬互不侵犯条约，30 日开始进攻芬兰。

苏联本来不把小小的芬兰放在眼里，以为可以速战速决，却没想到芬兰虽国小人少兵微，却是常抓不懈地操练兵马，固壁筑垒，那横越卡累利阿地峡的"曼纳海姆防线"更是让苏军难于对付。结果这场苏芬战争竟打了 105 天！不到 20 万兵力的"勇敢的小芬兰"倒叫泱泱大国苏联先后投入约 100 万军队，上万门大炮和机枪，近 3000 辆坦克和 3000 多架军用飞机才被打败。1940 年 3 月 12 日签订和约，结果靠近列宁格勒地区的芬苏国界线北移 150 公里，苏联从芬兰得到约占后者 11％ 的新领土近 4000 平方公里，还以 30 年期限租借芬兰的汉科半岛和附近岛屿作为军事基地。这一仗使苏联受到世界舆论的谴责，被开除出国际联盟。但斯大林顾不了这许多，因为他在东欧的动作还不能停止。

1940 年 6 月趁德军西进之机，苏联再次迫使波罗的海三国接受它的要求，改组各自政府并让苏军自由通行。到 8 月这三个国家被"接纳"为苏联的加盟共和国。

下一个便轮到了罗马尼亚。办法是先迫使它向苏联归还比萨拉比亚，"移交"北布科维纳，然后于 8 月把前者变成苏联的一个加盟共和国，把后者并入乌克兰。这是苏联建立"东方战线"的最后行动。

这道"东方战线"北起波罗的海，南到黑海，它使苏联领土向西推进了二三百公里，形成一道抵御来犯之敌的"藩篱"。但是这道靠军事行动和武力威胁得来的防线最终证明并不安全。

四、威尔斯的欧洲之行——美国和平尝试的失败

大洋彼岸的美国密切注视着欧洲局势的发展。大战在欧洲的爆发使美国深感自己的安全受到威胁，急忙采取一系列措施保持自己置身于战争之外并阻遏纳粹势力的向西发展：中立法终于得以修改，从而使同盟国能够得到美国的物资援助以顶住希特勒；与美洲国家制定保卫本半球的和平计划，建立中立巡逻区以隔离战火。但美国并未放弃重建欧洲和平的愿望，波兰灭亡后西线的无战争状态和苏联对芬兰的进攻，使罗斯福总统极为担心出现苏德共同控制欧洲的局面，那将是对"美国文明"的严重灾难，不如让德国与英、法和解。因此罗斯福决定在德国发动进攻打破西线的平静之前，在慕尼黑协定签字国之间谋求和平解决的办法。如若希特勒不肯，至少可以拖延德国的攻势，使同盟国有机会加强防御，或许还能劝阻意大利不要参战。这个任务就交给了副国务卿萨姆纳·威尔斯。

威尔斯从 1940 年 2 月下旬受命赴欧，第一站便到罗马，试图坚定意大利不卷入战争的心理。墨索里尼虽不反对和谈，但开口要价太高，声称他所要的和平是意大利在地中海摆脱英国控制的保证和德国

在中欧的"生死攸关的利益"，这使威尔斯感到"令人窒息的压抑"。然而随后他在柏林所受到的接待更使他觉得此次柏林之行是浪费时间。在柏林首先接见他的德国外长里宾特洛甫完全按希特勒的密令行事，以一副冷冰冰的模样大谈德国决心胜利结束战争，对公开谈判无丝毫兴趣，令这位美国使者生厌。希特勒本人虽显出文雅庄重举止，但拒绝的语言同样生硬：在德国打败英法要毁灭德国的决心之前没有持久和平可言。因此在威尔斯离开柏林前往巴黎之前便已认定，总统和谈的美好愿望将彻底破灭。

随后两站到巴黎和伦敦。这两个对纳粹德国宣战国的首都仍是一片和平景象，不过两国政府现在一致认为，除非纳粹被摧毁，否则不会有持久和平。带着这样的回答，威尔斯再到罗马，但这次他更不会有收获。因为在他来到之前里宾特洛甫已奉希特勒之命来过这里，他再次挑起墨索里尼对英国的愤怒并答应参战，虽然还未确定日期。所以当威尔斯于 3 月底返回美国时，他已沮丧地深信"目前没有丝毫为谋求持久和平而使谈判成功的可能性"。威尔斯得出的这个判断没错，实际上就在希特勒接见他的头一天，即 3 月 1 日，希特勒签署了旨在进攻挪威的"威塞演习"的初步指令。

五、向欧洲侧翼出击——德国征服丹麦与挪威

挪威和丹麦本不在希特勒进攻西欧各国名单的前列，现在却改为先拿这两个国家开刀，也是事出有因。尽管英法眼看波兰灭亡而无所作为，但苏芬战争的爆发却引起了他们的极大愤慨，当即考虑派遣远

征军穿过挪威和瑞典去这个新战场，一则为了支援芬兰，二则为了切断德国从瑞典北方得到铁矿砂的供应线，三则为了布置一个威胁德国波罗的海侧翼的阵地。但多少是由于挪威和瑞典认为这样做将侵犯它们的中立地位而加以反对，以及盟国内部的意见分歧，使该计划一拖再拖，直到芬兰战败也未实施。以后盟国便打算在挪威水域布雷，并派部队去挪威登陆以为后盾。

但是同盟国多次谈论这个计划却引起了德国的警觉，再加上一起偶然事件，更增加了希特勒对其侧翼的担心。1940 年 2 月 16 日一艘载有英国战俘的德舰"阿尔特马克"号受到英国军舰追逐，逃到挪威水域避难，英国海军大臣温斯顿·丘吉尔下令英舰"哥萨克"号进入该水域登上德舰救回战俘。事后挪威虽抗议英国侵犯其领海，但希特勒认为挪威本是英国帮凶，这样做不过是为了欺骗他而故作姿态。随后挪威前国防大臣、十足的纳粹分子吉斯林又向希特勒进言，说英舰行动是"事先拟订"的计划，使希特勒更加深信不疑，于是他下决心先保卫侧翼，4 月 9 日实施"威塞演习"计划，进攻挪威。同时占领丹麦，作为必要的战略跳板和运输线的保证。

就这样，征服波兰后 6 个月的虚假平静突然以一声霹雳而结束。这霹雳不是出现在云雨密集的中心，而是在斯堪的纳维亚的边缘，挪威和丹麦的和平国土遭到希特勒闪电式袭击。4 月 9 日凌晨德国向丹麦和挪威送去了厚颜无耻的最后通牒，要求他们毫不反抗地立刻接受"德国的保护"。同时德军已先于盟国军队在两国登陆。丹麦人几乎没有抵抗，禁卫军只在王宫周围放了几枪，4 小时后便接受了德国要求，半天之内丹麦就被占领。

挪威却表示决不屈服，一开始就给入侵者以反击。然而由于它的部队还没有充分动员，而盟国军队行动迟缓且笨拙，这就给了动作迅速的德军以可乘之机。德军从南到北在挪威西侧各主要港口实行海陆空并进的立体战术，没费太多力气就占领了纳尔维克、特隆赫姆、卑尔根、克里斯丁等港口。但在奥斯陆却没那么容易，遇到挪威军队坚决阻击，这使国王和政府有时间逃离首都。最后德军使用伞兵空降部队才占领了奥斯陆。这是伞兵部队在战争中的第一次应用并证明价值极大。

首都虽已陷落，但挪威人民在国王和政府领导下继续抵抗，英国军队也前来援助，不仅在海上与德军激战，而且一度夺回纳尔维克，但对战局于事无补。5 月 10 日希特勒在西线发起大规模攻势，英法自顾不暇，无力再援助挪威。6 月初法国已危在旦夕，盟军撤出挪威转到法国前线，挪威国王和政府也流亡伦敦，德军遂占领挪威全境。

军事上的失利使英国国内本已存在的对政府的不满情绪达到高潮，在连续三天的内阁危机后，推行绥靖政策的主帅张伯伦终于下了台。5 月 10 日在荷、比、法前线的隆隆炮声中，一直坚决主张抵抗法西斯的丘吉尔就任英国首相。他令人感动地宣誓要把"热血、辛苦、眼泪和汗水贡献给大家"，"不惜一切代价去争取胜利"。但是在他上任之初也不得不吞下长期实行绥靖政策带来的苦果。

丨 温斯顿·丘吉尔

六、低地国家的陷落和法国六周败降

攻占北欧不过是希特勒的西进序曲，当他在挪威基本取胜后，不等战役结束便立即开始在西线发动了大举进攻。

德国最早进攻西欧的计划是 1 月飞机事件中让同盟国获得的"黄色方案"，一些军事史家认为它与第一次世界大战中德国进攻法国的"施里芬计划"相类似，即把德军主力放在右翼，通过比利时和法国北部攻击巴黎，目标在于占领英吉利海峡各港口；但是 A 集团军群参谋长曼斯坦因讨厌这个方案，以为不过是老调重弹，英法对它已了如指掌并可能早有准备，因此按该计划德军必难取胜。他提出了一个新的作战计划，即把真正的主攻方向定在西线中部的阿登山区，尽管这里森林密布，道路难行，又与宽阔的马斯河相连，是难于攻破的天险，但正由于此，这里也是法国设防的薄弱环节。如果德军能趁法军尚未察觉之前抢先通过险区，突破色当防线，挺进到法国大平原，那么不仅可以切断南北盟军之间的联系，而且大规模坦克部队也可任意驰骋，这一招肯定会使法军措手不及，而使德军出奇制胜。这个方案在 1 月飞机事件后被希特勒采纳并加以修改，成为德军实际作战时的计划，被称为"曼斯坦因计划"或修正的"黄色方案"。只不过希特勒采纳之后就把它说成是他本人的天才想法了。

因此在西线战役打响前，德军把 136 个师（其中包括 10 个坦克师，7 个机械化师，3000 多辆坦克和 4500 架飞机）分为三个集团军群部署在西线：主力是部署在中路的 A 集团军群，由伦斯德上将指挥，担任中间突破阿登山区直冲英吉利海峡的任务；右翼是包克上将指挥的

B集团军群担任助攻，目的是进攻荷兰、比利时和卢森堡，以吸引英法联军主力；左翼是勒布上将指挥的C集团军群佯攻马奇诺防线，以牵制法军使其不能北上增援。另有40多个师作为后备部队在莱茵地区待命。

与德军相比，盟军总兵力约为135个师，数量与德军基本相当。但由于英法长期推行绥靖政策，致使西欧各国备战十分不力：法国一直不愿打仗，几十万法军在大战爆发后仍按兵不动，以为静坐便可躲过战争；英国虽海军强大，但长期不肯承担大陆义务，陆军少得可怜，到战争爆发时只能把10个师的远征军派往欧陆；荷兰和比利时迷信希特勒对其中立的保证，不愿采取更为有效的防御措施，因此英法的总参谋部与荷、比之间并无联合参谋部和统一指挥，致使盟军在军事上处于劣势。这种劣势又由于盟军的战略计划保守失算而变得更为严重。

早在德军的"黄色方案"落到盟军手中之前，英法最高统帅部便根据第一次世界大战的经验，想当然地认为德军主攻方向必定是比利时中部地势平坦地区，因此根据1939年11月中旬通过的"D计划"，盟国把主力部署在法比边界北端和法国北部各省，一旦德军入侵比、荷，英法比荷部队便协同作战挡住德军进攻；其他部队的大部分部署在南部马奇诺防线上，一旦德军进攻，先打消耗战拖住它；而在中段则自恃有阿登山区天险和马斯河，根本不相信德军坦克可以从此逾越，故只派少量兵力监视德军行动。这种部署恰恰落入了德国的圈套。令人十分奇怪的是，盟军后来得知德国的"黄色方案"，却认为这不过是希特勒的骗局，因此既未考虑到德军可能修改计划，也不调整自己的计划，仍按上述部署行事，可见盟军的战略思想是多么墨守

| 德国空降兵攻占比利时要塞埃本·埃迈尔

陈规了。

德国一切准备停当，便于 1940 年 5 月 10 日撕毁对荷兰、比利时的多次中立保证，不宣而战，当他们把最后通牒送到荷、比政府手中时，前线早已枪声大作。B 集团军群先对荷、比及法国北部的机场狂轰滥炸，夺取制空权，同时空降部队在荷、比后方着陆，避开法国防御工事，迅速夺取交通线、桥梁渡口和战略据点，装甲部队则突破边防线的缺口进入荷兰境内，与空降部队会合。5 月 14 日鹿特丹失守，15 日荷兰便打出白旗。德国的空降部队在入侵比利时时也立下大功。500 名空降兵夺取了阿尔伯特运河上的桥梁和比利时最现代化的要塞埃本·埃迈尔，使坦克部队得以渡过运河，攻破比利时的薄弱防线。17 日布鲁塞尔被占领。18 日安特卫普失陷。28 日比利时投降。

德国对荷、比的入侵特别是突破比利时防线的进攻果然吸引了英法总参谋部的注意力，他们以为德军主攻方向确在北面，竟然有好几天不去注意直对法国心脏的中段地区，并仍按"D 计划"的安排，把盟军最机动的部队投入比利时进行战斗，造成后方空虚状态，而这正好中了"曼斯坦因计划"的调虎离山之计，为 A 集团军群的中路突破创造了条件。当盟军明白上当之后，被困在比利时境内的英法军队考虑的只是如何逃出困境了。

5 月 10 日，德军中路 A 集团军群集结了战争中前所未有的大量坦克，向卢森堡和比利时的阿登山区实施突袭。仅 30 万人口的小国卢森堡当天不战而降。坦克部队以古德里安的第 19 装甲军为前导，以长蛇般的队形沿着崎岖难行的山路蜿蜒前进。由于法军在此只派二流部队驻守，德军又握有制空权，因此坦克部队只遇到轻微抵抗便迅速穿过了 100 多公里长的阿登山区，先锋部队于 12 日便前出到马斯河，当天攻占色当，第二天开始强渡马斯河。直到德军占领色当后，盟军才感到形势严重。英国迅速增派 10 个战斗机中队与法国调集的装甲部队一起向色当反攻，但已无济于事。15 日大批德国装甲部队已突进到法国大平原，通行无阻直向英吉利海峡扑去，却不见法军拦阻与牵制。16 日当丘吉尔亲抵巴黎了解战局时，才知道原来法军根本没有战略后备队可以启用，这消息虽然使首相惊呆了，但毫无办法，只有听任德军一面从左右两翼进击两头被切断的盟国军队，一面把 40 万英法比联军压向英吉利海峡，三面包围在敦刻尔克至比利时沿岸的一块三角地带里。

但是就在 5 月 24 日德军距敦刻尔克仅 10 英里之处，眼看就要把这 40 万大军赶到海里去的时候，突然接到希特勒亲自下达的使全体将士目瞪口呆的命令：停止前进。结果 30 多万盟军得以生还并将"来日再战"。这个敦刻尔克奇迹到底为什么会发生，历来众说不一。最主要的说法有两种：其一是希特勒和德军统帅部对中路装甲部队竟能

敦刻尔克大撤退

异常顺利地迅速挺进，既感意外又感不安，他们被自己的轻易取胜而
吓坏了，唯恐坦克部队孤军深入遭到来自南北侧翼的盟军攻击，因此
几次下令暂停前进。其二是希特勒把这一举措当作能够与英国较易媾
和的政治方案的组成部分，希望以听任英国远征军逃走的办法给英国
一个面子。当然还有另外的说法，如希特勒担心他心爱的坦克部队不
能在佛兰德沼泽地带作战；空军元帅戈林为了满足自己的虚荣心而向
希特勒保证空军能完成围歼任务等。但是不管混杂了多少动机，希特
勒停止前进的命令使盟军九死一生。当他在 48 小时后推翻了自己的
决定时，已为时太晚，英国人不仅利用这一意想不到的喘息时间加强
了防御，而且从 26 日起开始实施从敦刻尔克撤退的"发电机计划"。

从 5 月 26 日开始，英国几乎动员了从巡洋舰、驱逐舰到小舢版、
木帆船等一切可以利用的运输船只，在恶浪滔天弹雨如注的海面上，
不顾德国空军的轰炸和追击，运输士兵颠簸航行渡越英吉利海峡撤到

英国；法国海军和商船也参加了运兵工作；皇家空军把每一架可以动用的战斗机派往敦刻尔克上空为船只护航；留守的法军则在后面英勇顽强地阻击德军，使海滩上的联军得以及时撤走。另外好天气也帮了大忙，因此到6月4日中午"发电机"行动结束时，英法联军共撤出33万多人。尽管所有装备辎重都落于德军之手，担任后卫的4万法军也当了俘虏，但这些撤到英国的部队却成为日后反攻的骨干力量。这的确可以称得上是一个奇迹，而"敦刻尔克大撤退"也在"二战"史上留下了不可不书的一笔。

英法联军从敦刻尔克撤退后，整个法国北部已经敞开。尽管新任法军总司令的魏刚在法国北部的索姆河和埃纳河一带仓促构筑了"魏刚防线"，企图据险防守，但防线既不坚固，英法联军的兵力和士气又处于劣势，因此便注定了失败的命运。6月5日德军以进攻"魏刚防线"而开始了"法兰西战役"的第二阶段。原中路和北路的A、B两个集团军群以压倒优势在阿布维尔—亚眠一线和瓦兹河—埃纳河一线的400英里宽的横贯法国北部战线上实施突击，攻破法军防线。在法军崩溃之中，德军坦克部队以破竹之势向畅行无阻的法国中部地区推进，不但向巴黎迂回，而且直抵马奇诺防线背后，切断了该防线全部法军的后路。当法国即将败降时，6月10日墨索里尼对法国宣战，卑鄙地在法国背后捅了一刀，为的是在猎物被杀死时在场并攫取他能得到的战利品。32个师的意军在阿尔卑斯山法意边境发动进攻，打了一个星期，却没能使6个师的法军后退一步。但意大利的参战给法国增加了新的压力，加速了法国的崩溃。

6月10日，法国政府撤出巴黎，迁往图尔，13日巴黎被宣布为"不设防城市"，14日当法国政府再迁波尔多时，德军不费一枪一弹便

占领了法国首都。当天驻守在马奇诺防线的 C 集团军群发起进攻，15
日突破防线，与已前出到该防线后面的德军合围了 50 万法军。17 日
贝当接替雷诺组成政府，其唯一目的就是准备投降。他一上任就向德
国请求停战，18 日宣布法国停止抵抗，当天最后一批英国远征军撤出
法国。6 月 22 日，根据希特勒的主意，德国的受降仪式在贡比涅森林
举行，在 1918 年 11 月 11 日德国谈判代表被迫接受福煦提出的停战条
件的同一节火车车厢里，希特勒给法国的停战条件要比当年冷酷无情
得多：阿尔萨斯和洛林划归德国；法国北部和整个大西洋沿岸的约占
法国 3/5 的国土由德国军事占领，占领费由法国支付；西南部的残留
地区除机场外由贝当政府管辖（7 月 1 日贝当政府迁往维希，史称"维
希法国"）；法军全部解除武装。
6 月 24 日法国代表团在罗马也
与意大利签订了停战协定。

　　希特勒终于让他的宿敌在
6 周内俯首称臣。而法国这个
在第一次世界大战后欧洲大陆
上无可争议的军事大国，竟在
短得出奇的 6 周里便土崩瓦解，
这实在是法兰西民族的悲哀。
然而法国早就败了，它不仅败
在陈腐的军事思想和战前重大
军事判断的失误之上，更败在
长期追随英国推行绥靖政策，
从而可鄙地出卖了盟友，愚蠢

夏尔·戴高乐

地坐大了敌人，自己瓦解了自己的欧洲同盟体系，最终无可挽回地削弱了自己的力量。

但是，法兰西的战斗精神未灭。就在贝当政府对德投降后，在最后一刻脱身到达伦敦的法国国防部副部长夏尔·戴高乐将军在英国的支持下，举起了"自由法国"的抗德旗帜，向全世界宣布：法兰西抵抗的火焰绝不会熄灭。

随着法国的沦陷，纳粹德国在仅 10 个月的时间内便把半个欧洲踩在脚下，并立即把法西斯暴政强加在被占领的土地上，实行了人类历史上最骇人听闻的对犹太人的种族灭绝政策。

七、奥斯维辛——人间地狱

"奥斯维辛"，这个 20 世纪由纳粹党创造的特有词汇，永远震撼着人类的心灵。

在纳粹的混乱而邪恶的理论中，反动的种族主义和"生存空间论"一样占有重要地位。希特勒继承历史的糟粕，宣扬雅利安—北欧德意志人是大自然的宠儿，是一切高级人类的创造者，是一切文化与文明的创造者，上苍赋予他们权力主宰全世界，因此除了德意志人外，其他种族都是劣等种族，如犹太人和斯拉夫人。特别是犹太人应当对各民族所受的一切灾难负责，因为正是犹太人发明了民主制度、平等理论和马克思主义，才使强者失去力量，使德意志人在"一战"后陷入屈辱地位。所以必须限制劣等民族，灭绝犹太人，才能保证优等民族的地位和生存。

纳粹党上台后，为了煽动民族沙文主义情绪并在经济上掠夺犹太人，便开始把元首的理论付诸实践，把对犹太人的迫害定为正式国策，掀起排犹运动。从 1933 年到 1935 年，纳粹党不断制造反犹舆论，采取反犹措施，他们殴打和驱赶犹太人，禁止犹太人经商和担任国家公职及从事自由职业，打砸抢犹太人的商店，并从法律上规定犹太人不得成为德国公民，禁止德意志人和犹太人通婚。在越来越强烈的反犹气氛中，许多著名科学家、作家、艺术家如阿尔伯特·爱因斯坦、托马斯·曼、阿诺德·茨威格等被迫逃往国外，他们的著作被煽动起来的学生付之一炬。

从 1938 年起，纳粹当局开始对犹太人进行大规模的驱赶和集体迫害。当年 11 月 7 日，一个 17 岁的被驱赶到法国的波兰籍犹太青年为了报仇而枪击德国驻法公使，尽管他并未击中这位公使而打死了使馆一秘，却使纳粹向犹太人动手找到了借口。两天后即 11 月 9 日德国便掀起了更大规模的反犹活动，纳粹党徒破坏捣毁犹太人的财物，焚烧犹太教堂，亵渎犹太公墓，并击碎整条整条街上犹太人商店的橱窗，制造了有名的"碎玻璃之夜"（旧译为"水晶之夜"）事件。当夜他们杀害了 90 余名犹太人。这一天是纳粹有组织迫害犹太人的开始，随后便有 2 万 5 千名犹太人被关进纳粹专为他们设置的集中营而遭受非人待遇。

随着欧战爆发和希特勒的早期得势，纳粹党立即在占领区内实施他们的种族主义学说：虐待迫害"劣等"民族，并把反犹活动从驱赶和迫害本国犹太人上升到赤裸裸地肉体消灭占领区的犹太人。波兰灭亡后，纳粹党把数以千计的波兰军官、知识分子和各种专业人士驱赶并集中在一起当场处死；更多的人则被遣往德国做苦役；千千万万的波兰人被驱赶出自己的祖国而迁到贫困地区，为的是给德国移民腾出地方。

征服东方使纳粹头子们有了"最后解决"犹太人的可能。这便是近代世界闻所未闻，实际上也无从想象的种族灭绝。"灭绝"的办法主要有两种。一种办法是大规模屠杀。在东欧的广大占领区，先是波兰，后来是乌克兰和西部俄罗斯，为数众多的犹太人被成批赶出家园集中到隔离区，在那里他们被剥夺了一切财产和生活资料，所有可用的东西，鞋子、皮货、衣服、首饰、贵重物品、黄金均被一抢而光，许多人死于饥饿与疾病，活着的人便由特别组编的纳粹党徒——特别行动支队成批枪杀。另一种办法是把在欧洲所有纳粹占领区的驱集成群的犹太人关进灭绝营，这是一种比战前在德国国内建立的集中营更为可怕的死亡集中营，在那里犹太人除被枪杀外，大多数被毒气活活熏死。这种办法在苏德战争爆发后更多地被使用。在贝尔策茨、切尔诺、索比博尔、特雷布林卡、马伊达内克、奥斯维辛……都有这种"人间地狱"，其中最大最臭名昭著的就是建在波兰克拉科夫附近的奥斯维辛灭绝营。它建有4个大毒气室和附设的焚化场。这些纳粹恶魔以洗澡为名，把受害者赶到写有"浴室"字样的大毒气室中，最初用煤气，后来改用氢氰酸乙，使活生生的人在3—15分钟内便被杀死。尸体搬走后还要从死者身上摘掉戒指、敲掉金牙。在奥斯维辛曾创下一天毒死6千人的记录！焚尸炉中喷出的烟雾遮天蔽日！不仅如此，纳粹还在集中营中用囚犯进行各种惨绝人寰的试验，把活人生生折磨致死。更骇人听闻的是他们竟用人皮做成灯罩和其他装饰品，文身的人则因具有"艺术价值"而更为不幸。

战后人们估计在纳粹统治期间，至少有600万犹太人罹难，但无法准确断定有多少人惨死在奥斯维辛！这历史的伤口永远淌着鲜血。

　　然而当我们诉说犹太人的悲惨遭遇时，我们更不能忘记日本法西斯在南京制造的灭绝人性的血腥大屠杀！要知道，在那场空前的浩劫中，中国军民遇害者就达 30 万人！我们也忘不了日军的细菌部队——"731"部队对中国人民犯下的滔天罪行！为了研制细菌、化学武器，他们竟然进行惨绝人寰的活人试验！据不完全统计，死于日军细菌武器研究和试验的中国民众在万人以上！意大利法西斯也同样血债累累，罪责难逃。所有法西斯的暴行都一样令人发指，罄竹难书！它空前地践踏了人类的良知，使某些自诩为"理性"的民族竟然兽性大发，对自己的无辜同类下毒手。然而正义必定要战胜邪恶，人类必定要把法西斯造成的灾祸扫除干净。

¦ 奥斯维辛灭绝营

第 三 章

战火在中国大陆和欧陆边缘燃烧
（1937 年 8 月—1941 年 6 月）

一、中华民族浴血抗战——"二战"中的东方主战场

抗日战争全面爆发后，骄横的日军大举进攻，企图速战速决，一举灭亡中国。中国军队则在正面战场进行了多次大规模会战，英勇阻击日军。

1937年北平、天津失陷后，日军进犯华北腹地。9月，太原会战打响。中国守军在忻口、娘子关等地顽强阻击，毙、伤敌军2万多人。为了配合友军作战，八路军115师在林彪、聂荣臻等指挥下，奉命开赴平型关参战，取得了华北战场上中国军队主动出击的第一个重大胜利。

1938年春，占领南京和济南的日军南北对进，夹击徐州。中国

| 激战台儿庄

第五战区司令官李宗仁指挥部队，血战临沂、藤县、台儿庄等地。守卫台儿庄的中国军队以步枪、手榴弹、大刀甚至是血肉之躯与日军展开夜战和巷战，逐街、逐巷、逐院、逐屋进行争夺。中国军队以"整个集团军打完为止"的视死如归精神，打得敌人被迫撤退。在历时近半个月的台儿庄激战中，中国军队付出巨大牺牲，参战部队4.6万人，伤亡失踪7500人，歼灭日军1万余人，缴获大量辎重和弹药，台儿庄大捷是抗战以来中国正面战场取得的最大胜利，使日军魂飞胆丧，极大鼓舞了全国军民的抗战信心。

同年夏天，日军进攻武汉，投入兵力近38万人，中国组织百万以上的兵力保卫大武汉。武汉会战历时4个半月，中国军队与敌交战数百次，日军伤亡近4万人。这是抗战以来战线最长、规模最大的会战。日本企图迅速灭亡中国的既定战略彻底破产。

武汉保卫战后期，日军趁广州兵力空虚，占领广州。在日军的优势兵力进攻下，中国军队在正面战场上节节败退。华北、华中和华南的大片国土沦入敌手。但是，日军战线太长，兵力也严重不足，物力财力都感觉困难。日军不得不一再增兵。到10月下旬武汉、广州两个会战结束时，日军已经把24个师团100万人投入中国战场，致使国内只剩下一个师团，真可谓倾巢而出了！此后日军被迫停止对正面战场的战略进攻，转而以保守占领中国国土为主。抗日战争从战略防御阶段进入了战略相持阶段。

在全民族抗日战争中，国内外的形势相当复杂，不仅国际上德意日法西斯的侵略扩张继续进行，国内国共两党也存在不同的抗日路线，而且共产党内部也对如何正确处理统一战线中的统一和独立、团结和斗争的关系等问题，存在分歧。为了在抗日战争中坚持中国共产党在抗日民族统一战线中的独立自主原则，坚持真正的马克思主义，反对回国不久的在共产国际的中共代表王明的右倾主张，即以"一切经过统一战线""一切服从抗日"等理由，把共产党和人民军队的活动限制在国民党所允许的范围之内的要求，1938 年 9 月至 11 月，在延安举行了党的扩大的六届六中全会。在这次全会上，首次提出了马克思主义中国化这一理论与实践的重大命题。毛泽东明确指出："马克思主义在中国具体化，使之在其每一表现中带着必须有的中国的特性，即是说，按照中国的特点去应用它，成为全党亟待了解并亟须解决的问题。"在统一战线问题上，全会强调，党的方针"是统一战线中的独立自主，既统一，又独立"；在敌后抗战总的战略部署问题上，全会确定了"巩固华北、发展华中"的方针。另一方面，全会还特别强调加强马克思主义理论的学习，认为系统地而不是零碎地、实际地而不是空洞地学会马克思列宁主义，就会大大提高党的战斗力量。

这次扩大的党的六届六中全会以及"马克思主义中国化"这一命题，如醍醐灌顶，令全党清醒而振奋。它使全党正确认识了抗战的形势，明确了党在抗战新阶段的任务，为实现党对抗战的领导进行了全面的战略规划，基本纠正了王明的右倾错误，进一步巩固了毛泽东在全党的领导地位，统一了全党的思想和步骤。这次会议的重要意义和价值，正如后来毛泽东在党的七大上所说："六中全会是决定中国之命运的。"根据六中全会精神，中国共产党所领导的各项工作迅速发展。

在正面战场打得如火如荼之时，中国共产党领导的敌后战场也展开了英勇顽强的对日斗争。八路军、新四军分别开赴华北、华中地区，在敌后广泛发动群众，开辟抗日根据地，将敌人的后方变成抗日的前线。在整个抗战期间，中国共产党共建立了 19 块抗日根据地（到

1940 年就已经开辟了 16 块），总面积约 95 万平方公里，人口 9550 余万。陕甘宁边区是敌后抗日根据地的指挥中心，延安作为中共中央所在地，成为爱国进步人士向往的圣地。据统计，1937 年 9 月至 1938 年 10 月，八路军、新四军就发展到 18 万人，与敌人作战 1600 多次，毙、伤、俘虏日伪军 5.4 万余人。

在战略相持阶段，以国民党军队为主的正面战场和共产党领导的敌后战场构成了对日军的夹击之势，抗日烽火燃遍中华。特别是敌后战场，根据共产党"巩固华北"的战略方针，八路军在华北依靠广大群众，坚持山地游击战争，发展平原游击战争，斗争异常艰苦而频繁。仅 1938 年和 1939 年，日本对华北地区实施的千人以上的"扫荡"就有 100 多次，使用兵力在 50 万左右，最大的一次"扫荡"日军竟出动了 6 万人之多！但是共产党领导的游击战争还是令日军感到极难对付。1939 年 9 月日本华北方面军参谋长曾在情报主任会议上惊呼："华北治安之癌是中国共产党和他的军队！"但日军只有哀叹。就在这次情报主任会议之后的仅约两个月，八路军晋察冀部队在 120 师的配合下，就进行了黄土岭伏击战，歼灭日伪军 900 余人，击毙时任日军独立混成第二旅团的旅团长、日军引以为傲的"名将之花"阿部规秀中将。当时的《新中华报》对这一重大战果发表评论："抗战以来，敌军中将指挥官，在战场上被我击毙者，此还算是第一次。真值得我们兴奋！"而日本媒体则懊丧地说，"名将之花凋谢在太行山上"。

为了贯彻"发展华中"的战略方针，1939 年 2 月，党中央委托周恩来到皖南，与新四军领导人商定了新四军的战略任务：向南巩固，向东作战，向北发展。此后，新四军和华中的抗日游击战争有了较大发展。特别是 1940 年 5 月，党中央派八路军一部 1.2 万人南下，和新四军一起共同发展华中抗日根据地。

在华南，广州失陷后，中共广东党组织积极领导开展游击战争，创建了东江抗日游击根据地和东江纵队；而琼崖纵队则是由长期战斗在海南岛开展抗日游击战争的红军游击队发展而来的。

在中国东北，抗日联军积极配合全国抗战，袭击敌人后方和削弱敌人兵力，钳制日本侵略军入关，成为东北抗日游击战争的战略任务。东北各地组织起游击连、农民抗日自卫队等抗日武装，许多青年知识分子和学生参加抗日队伍。当时流行着的歌谣唱道："卢沟桥事变，鬼子打进关，杀人放火，到处起狼烟。这一日，众百姓，扛枪上了长白山。"他们英勇作战，消耗日伪军事力量，谱写了气壮山河的英雄诗篇。抗联领导人、第一陆军总司令兼政治委员杨靖宇在蒙江县（今靖宇县），冒着零下40度的严寒，在冰天雪地、弹尽粮绝的紧急情况下，同数倍于己的敌人浴血奋战，最后孤身一人与大量日寇周旋战斗几昼夜后壮烈牺牲。残忍的敌人割其头颅、开其腹部，但当他们发现杨靖宇的肠胃里尽是枯草、树根和棉絮，没有一粒粮食时，也为之震惊。还有为掩护大队转移而牺牲自己的"八女投江"的英雄事迹，同样可歌可泣。毛泽东曾经指出："这个英勇的游击战争，曾经发展到很大的规模，中间经过许多困难曲折，始终没有被敌人消灭"。

在中华民族的全国抗战中，还有一支著名的回民支队，它是由河北回族退职军人马本斋联合同村青年，在日本占领华北后组织的。他们面对日本的侵略，共同宣誓："国难当头，日寇毁我家园，杀我父老，穆斯林大义大勇，为国为民，雪耻报仇，死而无怨！"他们的斗争，令日伪军闻风丧胆。后来这支部队改编为八路军冀中军区回民支队，成为中国共产党领导下的一支少数民族抗日武装力量。

中国人民的抗战，是全民族的抗战。自九一八事变后，东北地区除了汉族外，满族、朝鲜族等各族人民积极投入各种抗日团体和抗日义勇军中。东北、华北等地的蒙古族和汉族人民成立了蒙边骑兵、蒙汉同盟军、蒙汉抗日游击队等，开展抗日斗争。新疆地区的少数民族，如维吾尔族、哈萨克族、柯尔克孜等族人民和汉族一起，进行大规模募捐活动，支持抗战。西藏宗教领袖通电全国，声讨日本侵略罪行。其他少数民族也通过各种方式参加抗日斗争。

在中国人民抗日战争中，还有多位国际友人不远万里来到中国，参加极其艰苦的敌后抗战。他们中有加拿大共产党员诺尔曼·白求恩、德国医学博士汉斯·米勒、美国医学博士马海德、印度医生柯棣华等。1938年1月，著名胸外科专家白求恩大夫率领加拿大、美国援华医疗队赶赴中国。他3月到达延安，受到毛泽东的接见。后来前往晋察冀根据地。他不辞辛劳、不避危险，医治了很多八路军伤员。1939年，他在抢救伤员时不幸感染中毒，以身殉职，为中国人民的解放事业献出了生命，年仅49岁。12月21日，毛泽东发表著名的《纪念白求恩》一文，高度评价了白求恩对工作的极端负责任、对同志对人民的极端热忱和对技术精益求精的精神，并号召全体共产党员学习白求恩毫无自私自利之心的精神，做"一个高尚的人，一个纯粹的人，一个有道德的人，一个脱离了低级趣味的人，一个有益于人民的人"。聂荣臻称赞白求恩是"无产阶级最英勇的战士之一和被压迫民族最忠诚的战士"。

但是，对日本法西斯明目张胆的侵略行径，英美大国仍实行绥靖政策，在相当长的时间内既不制裁日本，也不援助中国，从而大大助长了日本的侵略气焰。因此，正是中国人民凭着极大的勇气、毅力和民族牺牲，挡住了日本百万大军的进攻，从而为日后世界反法西斯战争的胜利奠定了坚实的基础；美英绥靖日本，最终招来了日本的进攻。

二、"最光辉的时刻"——不列颠之战

法国迅速败降使希特勒的冒险生涯达到顶峰，他已经为德国征服了欧洲大部分地区，现在阻挠他在欧洲建立霸权的只有英国和苏联。苏联是肯定要被消灭的，但必须在对苏动手之前保持西线的平静。办法是利用英国目前的孤立无援处境与英国媾和，条件是够优惠的：归还德国的原海外殖民地并让德国在欧洲大陆自由行动。希特勒推测，现在法国是完了，英国当然会明白个中道理，也会承认"一败涂地，绝无希望"而考虑谈判。于是他从1940年6月中旬到7月中旬频频向英国摇晃橄榄枝，还通过瑞典、美国和梵蒂冈教廷向伦敦做出和平试探。但是他听到的回答始终是一个坚决的"不"字。

法国沦陷后，英国的处境确实不妙。英伦诸岛，孤悬海上，岌岌可危。它的各自治领、殖民地和印度都不能给它有力的支援和及时的供应；得胜的德国军队装备完善，后方还有缴获的大量武器和兵工厂，现在又在大批集结准备对英作最后一击；意大利也已向英国宣战；西班牙随时可能与英国为敌；维希法国时时会被迫对英作战；远东的日本居心叵测并趁火打劫，直截了当地要求英国关闭滇缅公路，断绝对中国的物资供应。英国的敌人真是不少，它正遭到有史以来最强大的军事力量的围攻，而自己差不多是在赤手空拳地孤军在欧洲作战。但是英国人明白，现在是在为自己的民族生存而斗争，因此要豁出性命去与

纳粹德国决一死战。这种精神在丘吉尔 6 月 18 日的下院讲演中表达得十分清楚："……'法兰西之战'现在已宣告结束。我预计'不列颠之战'就要开始了。……我们英国人自身的生存以及我们的制度和我们的帝国是否能维系久远，也取决于这场战争。……因此让我们勇敢地承担我们的责任，我们要这样勇敢地承担，以便在英帝国和它的联邦存在一千年之后，人们也可以说：'这是他们最光辉的时刻'。"

丘吉尔断然拒绝妥协的态度使希特勒有点进退两难。他念念不忘进攻苏联，对英国既不想打又不能不打，看来还是要先打一下逼它讲和，然后再转身攻苏。7 月 16 日希特勒终于下令准备实施对英登陆作战的"海狮作战计划"，确定 8 月中旬完成准备工作。该指令称："由于英国不顾自己军事上的绝望处境，仍然毫无愿意妥协的表示，我已决定准备在英国登陆作战，如果必要，即付诸实施。"这其中"如果必要，即付诸实施"几个字，正表明了希特勒没有把握。

的确，"在英国登陆作战"，说起来容易，做起来难。希特勒和最高统帅部以及陆海空三军的参谋总部从未认真考虑过同英国的仗怎么打和怎么取得胜利的问题，他们不知道如何进攻英国。当然，靠德国现在的陆军力量，他们能在一周之内击溃英国软弱无力的陆军，但他们必须渡过由英国占优势的海军日夜守卫的多佛尔海峡，尽管它的最狭处只有 21 英里，在万里晴空的秋天里法国的加来和英国的多佛尔能清晰地隔海相望。但是德国不仅海军处于劣势，而且陆海军在水陆两栖作战方面都是既无经验也没受过训练，看来只有先掌握海峡地区的制空权才谈得上登陆作战。希特勒命令空军元帅戈林以猛烈轰炸削弱英国的防务，戈林则夸下海口：只用空袭便可征服英国。于是"登陆作战"实际降到了配角地位，空战变成了这一战役的主要特点和唯

德军轰炸下的泰晤士河和伦敦塔桥

一特点。

德国的空军在数量上对英国占有 2：1 的优势，当时戈林集结了约 2660 架战斗机和轰炸机，而英国的战斗机起初不到 700 架，轰炸机仅 500 架左右。但英国空军的飞机性能更为先进，并拥有约 1800 门高射炮和沿东海岸线设立的一系列雷达站、观察哨等防空措施，加上全国军民同仇敌忾斗志昂扬地投入战斗，便使德军的优势大打折扣。再加上英国破译了德方的通信密码，致使德国的"空中闪击战"一开始就未能奏效。

1940 年 8 月 10 日，德空军开始大规模连续不断地空袭英伦本土，进攻目标从海峡舰队、港口到机场和重要军事设施，从而拉开了不列颠之战的第一阶段的战幕。8 月 15 日两国发生第一次大规模空战，戈林派出大约 1500 架德机实施为消灭英国空军而策划的"飞鹰行动"计划，但英国空军沉着应战，在雷达配合下猛烈反击，双方在长达

500 海里的战线上进行了 5 次大战，这一天德军共有 75 架飞机被击落，英国损失飞机 34 架。

德国难以忍受这次失败，从 8 月 24 日重又开始发动大规模进攻，使战事进入决定性阶段。德军平均每天出动 1000 多架飞机，集中破坏英国南部的机场和雷达站，几乎摧毁了南方整个通信系统，英国损失激增，两周之内飞机损失近 300 架，100 多名飞行员牺牲。但英国军民靠着非凡的忠勇顽强渡过了这个最艰险的阶段。德方意识到要在短期内获得全面制空权实为不易，便于 9 月上旬开始转而对伦敦等城市不分昼夜地狂轰滥炸，企图瓦解英国人民的斗志，逼其就范，不列颠之战进入第二阶段。德国攻击目标的改变，使英国空军得到喘息之机，而伦敦人民则经历了血与火的考验。9 月 7 日德军出动 1000 多架飞机对伦敦首次大规模空袭，使不少街区化为灰烬，主要商业区损失惨重，但人民坚韧不拔，妇孺老人撤退秩序井然，国民军警戒救援，对空监视哨坚守岗位……。更为重要的是英国空军也从溃败边缘恢复过来，当 9 月 9 日第二次大规模空袭伦敦时，便只有不到一半的德机冲过英军防线，而且慌忙投弹后无功而返。15 日德空军大举出动，对这个已炸得残破不堪的首都实行最后也是最大的冲击——连续昼夜大轰炸。这一天成为整个战役中战斗最为激烈紧张的一天，皇家空军共击落德机 60 架，自己仅损失 26 架。几千名英勇无畏的英国飞行员用他们的汗水和鲜血挽救了祖国，难怪丘吉尔赞叹道："在人类战争的领域里，从来没有过这么少的人对这么多的人作过这么大的贡献。"

1940 年 9 月 15 日的战斗证明了德国无法对英国取胜。17 日希特勒无可奈何地无限期推迟实施"海狮计划"；10 月 12 日又正式下令把入侵推迟到来年春天；1941 年 7 月再次把它推迟到 1942 年春，以为"到那时对俄国的战争就将结束"，但这不过是一个美妙而徒然的幻想；1942年2月整个计划被完全搁置起来。"海狮"就这样完蛋了，而9月15日正是它的真正断命之日。英国则把这一天定为"不列颠战役日"，以后每年都举行庆祝活动。9月15日以后，德军仍对英国的一些工业城市实行空袭，并曾把小城考文垂夷为平地，但这都不过是"海狮"的回光返照而已。

在这场"二战"史上历时最长、规模最大的空战中，英军以915架飞机的代价击毁了1733架德机，使希特勒的侵略计划第一次未能得逞，在反法西斯的历史上谱写了光辉的一页。

攻英不成，希特勒西线受挫，只有望洋兴叹。在海军元帅雷德尔的劝说下，希特勒转而考虑打击英帝国最易受攻击的地方——地中海和北非地区，但这时意大利已经在这里惹是生非了。

三、在地中海与非洲的较量

法国崩溃前，地中海由英法舰队共同控制，意大利对法宣战后，墨索里尼便算计着把地中海拿到手里，以圆其地中海作为意大利内湖的迷梦。为此意大利必须从英国人手中夺取马耳他岛，这不仅可以切断英国直布罗陀分舰队和亚历山大分舰队的联络，还能排除意大利到北非的障碍。于是意大利海军开始进行潜艇战并在西西里海峡布雷，还用了几个夜晚切断了马耳他岛上的英国人对外联络的海底电缆。这使英国不能容忍，立即加强了他们在地中海的舰队和在马耳他的防御。法国败降后，盟国在地中海的力量遭到削弱，英国便决定先发制人，采取主动出击的方式打击意大利舰队。

1940 年 6 月 28 日，英国空军发现从意大利向北非运送军火的三艘驱逐舰，立即引导英舰队前来实施打击，击沉一艘。7 月 9 日英意海军在卡拉布里亚进行遭遇战，这是意大利海军对英国的第一次战斗，双方各有 2 艘舰只受伤。但这一战发生在离意大利海岸不远之处，明显暴露了意大利海军侦察工作和海空合作之落后。7 月 19 日双方又在克里特岛的斯巴达角发生冲突，一艘意大利巡洋舰被击沉。

为保住马耳他和东地中海，驻亚历山大港的英海军上将坎宁安认为必须重创意大利海军，丘吉尔表示支持，并不顾不列颠之战尚未结束和大西洋运输的需要，给坎宁安派去增援部队。11 月 11 日英"光辉"号航空母舰载着携带鱼雷、炸弹或照明弹的轰炸机从马耳他出发直向意海军基地塔兰托驶去。夜幕降临后不久，这些飞机即对塔兰托港进行轰炸，意大利舰队在一片火光和爆炸声中损失惨重：3 艘战列舰被击中，其中一艘完全失去战斗力，另 2 艘也要在 4—6 个月后才能修好，而英军只有 2 架飞机被击落。对塔兰托港的攻击，使意大利暂时只剩 2 艘战列舰能够服役，而且为保护其他船只免遭同样命运，意大利不得不把它们转移到那不勒斯港去。英国人得益于这大胆的一击，终于使意大利舰队在东—中地中海失去了立足之地。

在地中海战场上，德国最初并没有向它的老朋友伸出援助之手，从而丧失了在地中海给英国以致命打击的机会。那么这段时间内希特勒在干些什么？原来希特勒始终在盘算进攻苏联的计划，并已在东方集结部队。虽然他在雷德尔的劝说下开始考虑在地中海和北非采取一些行动，但他缺少洲际战略的宏大眼光，并不真正理解地中海的重要性，也不想把地中海作为德军的主战场，他只想在那儿封锁英国，增加英国的困难以逼它屈服；同时在西北非和大西洋诸岛采取防御战略，以防英国人或许还有美国人从大西洋通过非洲进攻他的"欧洲堡垒"。因此希特勒的目的十分有限，他不打算在南方有太大动作，而是指望他的拉丁语系的朋友们为他做这件事，即让西班牙承担保卫西地中海的主要责任，靠维希法国防御西北非，让意大利自己照看东地中海。所以当意大利与英国频频交锋时，希特勒正在对佛朗哥和贝当展开外交攻势。但是出乎他的意料，前者不肯承担任何义务，后者也是推诿回避，使希特勒大为光火。这样一来，不仅他想建立一个拉丁语系法西斯集团以封锁地中海的计划告吹，而且白白错失了在地中海的机会。然而当墨索里尼在北非遭到巨大失败时，希特勒却不能无动于衷了。

北非始终是墨索里尼的觊觎之地，当英国困守本土面临入侵之际，墨索里尼以为建立他的非洲帝国的时机已到，现在驻守在利比亚和意属东非的意军和其殖民部队约50万人，难道还打不败仅仅5万人的英军吗？他下了决心：这次要用自己的胜利向希特勒证明他作为一个平等伙伴的价值。不过他对意军的估计是太高了。

英、意双方在北非的前线是埃及境内的西沙漠。7月英新任中东总司令、陆军上将韦维尔尽管被丘吉尔认为进取心不强，但不愿被动挨打，便先发制人，派第七装甲师的部分兵力直入沙漠并不断越过边境到利比亚进行一系列袭击，皇家"马蒂尔达"坦克起了决定性作用，因此该师不久就以"沙漠之鼠"而闻名。直到9月中旬，意军才集结6个师的兵力小心进入西沙漠，但迟迟不予出击，而韦维尔在得到丘吉尔的增援部队后再次出击，竟产生惊人效果，不仅打得意军全军覆灭，而且使他们在北非固守的阵地也差点儿失守。遗憾的是，在取得压倒优势的胜利后，英军没有做好充分准备乘胜追击，致使入侵意军得以逃脱。直到 1941 年初，英军才对巴尔迪亚发动进攻，意军防线迅速崩溃，守军全部投降；1 月 21 日托卜鲁克也告陷落，英军进入昔兰尼加。

但是部分是由于英军进展太快，后勤供给不上，部分是由于丘吉尔突发奇想，要在巴尔干建立抗德同盟，要求韦维尔派出部分坦克部队和炮兵增援希腊，尽管当时由于希腊的反对而暂未实行这个计划，但也使英军一时止步不前。直到 2 月 3 日英军才再次推进，7 日便取得贝达富姆大捷，以 3000 人和 38 辆坦克的兵力俘虏意军 2 万人，缴获坦克 100 多辆。

但胜利的光辉不久便黯淡下来。希腊首相梅塔克塞斯于 1941 年 1 月 29 日突然去世，新首相不像他的前任那样难以对付。丘吉尔看到他念念不忘的巴尔干反德同盟又有了希望，便立即说服希腊新首相接受了他的建议，于是 5 万英军分遣队于 3 月从北非开往希腊登陆。

Ⅰ 抵抗意大利侵略的埃塞俄比亚军队

但这一计划的非现实性我们在后面很快就会谈到。由于力量的削弱，英军攻下的黎波里的计划成了泡影。但无论如何，墨索里尼在北非大栽跟头。意大利在东非的日子也不好过。到1940年底英军在东非展开反击，意军接连败北，1941年埃塞俄比亚在赶跑意军后光荣复国，意大利在东非的势力被肃清。

非洲的失利给了墨索里尼当头一棒，只好求助于希特勒。"元首"这次决定援助"领袖"了，不仅为了轴心国的威信，也为了保持北非这块战略要地。1941年2月，希特勒派出年轻将军、在法国战役中立下殊功的隆美尔率领一小支德国机械化部队去北非援救意军并统一指挥北非的德意军队。隆美尔一到北非，便打起进攻战，德军部队虽少，但隆美尔用汽车在沙漠上奔跑卷起的漫天尘埃以掩盖坦克的缺乏，并利用德军的机动性于3月31日发动了迅雷不及掩耳的突击，到4月中旬就把英军逐出了昔兰尼加。这一次就如同英军先前占领昔兰尼加一样，而出手之快甚至有过之而无不及，英国只在托卜鲁克港保留了一个据点。看来英国在非洲还要付出加倍的代价，因为他们现在面对的是被丘吉尔称为"伟大将领"的"沙漠之狐"隆美尔。

为保持英国在埃及的地位并取得在非洲的胜利，丘吉尔要求英军死守托卜鲁克，于是被德军包围的托卜鲁克成为双方争夺的中心。尽管隆美尔曾于4月中旬和4月底两次进攻该港，但都因实力不足和英军防守严密而未得手；而韦维尔虽在5月中旬和6月中旬冒险分别实施解救该港英军的"短促作战计划"和"战斧作战计划"，也都遭失败。失败的重要原因之一是隆美尔机动地把88毫米高射炮极有成效地改为反坦克炮使用，从而使英军坦克在他们自己称为的"鬼门关"之地受到几乎全部毁灭的重创。

"战斧"不利，丘吉尔临阵换将，由驻印度总司令奥金莱克将军接替韦维尔，随后双方经过5个月的休整，在此期间苏德战争已在激烈进行。北非英军得到较多援助，隆美尔则受援较少。11月中旬英军实施"十字军作战计划"，对德军发动大规模攻势。但隆美尔利用较少兵力，先诱使英军坦克似公牛般向前直冲，待落入德军反坦克炮火网中实施打击，然后反守为攻，使英军顿陷混乱，双方在利埃边境进行了一个月的拉锯战，随后战线才稳定下来。

四、德军征服巴尔干

无论对轴心国还是对同盟国来说，巴尔干都是块必争之地。希特勒始终想控制它，因为它不仅是从南翼包围苏联的进攻基地，从地中海遏制英国的战略要地，也是德国获得扩大战争的战略物资供给地，尤其是罗马尼亚的石油对德国来说更是不可缺少。苏联建立东方战线的行动，特别是对罗马尼亚的领土要求使希特勒极为担心，于是他开始插手巴尔干的复杂事务。他先利用匈牙利和保加利亚与罗马尼亚的领土纠纷，支持匈、保向罗提出领土要求，然后以向罗提供安全保证的方法迫其满足匈、保的领土要求，把半个特兰西瓦尼亚给匈牙利，把多布罗查南部给保加利亚。接着他支持罗国内的法西斯分子安东尼斯库发动政变，镇压国内不满情绪，终于使德军于1940年10月进驻罗马尼亚的产油区和战略要地。将罗马尼亚变成了德国的一个卫星国。匈牙利的霍尔蒂政权已经倚仗德国之势扩大了领土，保加利亚还想靠德国获得希腊领土，因此两国进一步投靠希特勒，允许德军过境。

然而较为强悍的南斯拉夫人不那么听话，希特勒好容易利用其领导层的软弱和意见分歧使该国依附于己，不料南斯拉夫国内反对势力发动政变，废止德南联盟，并得到丘吉尔的赞扬和支持。希特勒在大怒之下作出推迟对苏战争而进攻南斯拉夫的决定，报复的行动既迅速又残酷，1941 年 4 月 6 日德军出兵侵南，接连三昼夜对贝尔格莱德的狂轰滥炸使该地成为硝烟弥漫的一堆瓦砾，仅 11 天南斯拉夫便被迫投降，国王和首相先逃希腊，后流亡英国，希特勒终于把罗、匈、保、南握在手里。

但是历来把巴尔干视为自己势力范围的墨索里尼，早在 1939 年 4 月便出兵侵占了阿尔巴尼亚，现在他对德国势力在该地区的增长十分担心，更对德国不与他事先商量便进入罗马尼亚深为不满。墨索里尼的虚荣心受到极大伤害，极力要显示实力，于是在德军进驻罗马尼亚后，便于 1940 年 10 月 28 日从阿尔巴尼亚进攻希腊，同样没有向希特勒先打招呼。但意军失败的消息就像他们突袭的行动一样来得太快。希腊军队不仅把意军赶回阿尔巴尼亚，横扫阿 1/4 土地，还以自己的 16 个师把意 27 个师围困数月之久。墨索里尼好不丢脸，不得不再次求助希特勒。

"元首"对"领袖"的自行其是大为恼火，但为保住法西斯集团在巴尔干的影响，便答应把准备进攻苏联的主要装甲部队调往巴尔干以助意军，尽管他在背后大骂这个忘恩负义的不可靠的朋友。因此德军在 4 月 6 日侵入南斯拉夫的同时，派了另一支部队从保加利亚进攻希腊，实施"马丽他计划"。但是，丘吉尔从北非派来的援希英军尚未进入阵地，已开始进攻的德军就立即从侧翼对英军实行了包抄，同时切断了仍在阿尔巴尼亚的希腊军队的退路。于是不但雅典城于 4 月

27 日失守，威尔逊将军率领的英军也几乎一仗未打就开始连续向伯罗奔尼撒半岛撤退，并再次重演了"敦刻尔克"一幕，5 万英军丢掉装备从卡拉梅撤至克里特岛和埃及。希特勒的坦克部队遂以不可阻挡之势席卷希腊。克里特岛成为希、英军队最后的阵地。

德军利用该岛守军只有军舰掩护而缺少飞机、坦克和其他重武器的弱点，于 5 月 20 日上午 8 时派 3000 伞兵在克里特岛从天而降，获得巩固的立足地，以后又在不断用空投、滑翔机和运输机空降的增援部队配合下进行海空激战，不但抄了英军后路，英地中海舰队也损失巨大：3 艘巡洋舰和 6 艘驱逐舰被击沉，13 艘其他舰只破坏严重，其中包括 2 艘战列舰和当时该舰队仅有的一艘航空母舰。英军再遭败绩，岛上的 2800 多守军只有 1600 多人仓皇撤出，其余的人或阵亡或沦为俘虏。德国由此获得了在东地中海进一步展开军事行动的基地。

克里特岛之战是"二战"史上最引人注目最大胆的空降战，并对"二战"中的空降作战产生了重要影响。希特勒虽取得胜利，但是以德军死 4000 人伤 2000 人为代价换来的，更为重要的是他唯一的一个空降师在这场战役中被歼灭，这使希特勒痛心不已，并认为伞兵作战的时代已经过去。但对英美军方来说却是个重要启示，他们加强组建自己的空降部队，并在以后的登陆战和近距离地面进攻中不断实施大规模空降作战。

希特勒对南斯拉夫和希腊的胜利，使他最终获得了对巴尔干的全部控制。现在他可以考虑进攻苏联了。但由于南、希人民的英勇抵抗，使他把原计划的 1941 年 5 月 15 日进攻苏联推迟了 5 个星期，然而，这却在相当程度上决定了对苏作战的成败。

五、战舰换基地——英美开始联防

希特勒"闪击战"的胜利，令隔岸观火的美国大吃一惊。英法两国的告急求援电报纷至沓来，但美国的援助尚未到达，法国便已投降。富兰克林·罗斯福清醒地看到，为了美国自身的安全，必须保住美国国防的第一道防线——英国，于是美国在加快重整军备的同时，采取了"除参战外"对英国实行最大援助的政策。总统命令陆海军部门搜罗库存，把"一战"时制造的旧枪炮开列清单，经由私人公司转卖给英法。第一批清单包括50万支步枪，8万挺机枪，9百门野战炮及1百万发炮弹，还有各种军火。这批武器运到英国，部分装备了从敦刻尔克撤退下来的英法部队。

但英国最需要的是驱逐舰，为的是对付德国的潜艇战，保证大西洋生命线的通畅。因此丘吉尔在成为战时内阁首相后于1940年5月15日写给罗斯福的第一封信中，这位"前海军人员"便请求美国向英国提供40—50艘旧驱逐舰。可这件事却不那么容易。在以后的几个月中，首相几乎在每封致总统的信中都重提此事，而且语气越来越迫切。他甚至提请总统注意：如果英国一旦崩溃，希特勒称霸欧洲，掌握了

丨 富兰克林·罗斯福

欧洲所有的造船厂和海军，则美国将会处于多么危险的境地！

然而罗斯福有自己的考虑：其一是他不愿把此事拿到孤立主义势力影响很大的国会进行表决，这不仅因为自 1940 年 6 月以来有关这个问题的公开讨论已表明了意见的严重分歧，而且担心共和党人利用此事攻击他企图把美国拉入战争，从而失去连任总统的机会。其二是美国当局怀疑英国的抗德能力，当时他们对英国抵抗成功的可能性的估计仅为 50%，因此罗斯福接受了军方首脑的建议，非要等形势表明大不列颠证明有抵御德国进攻的能力，才能考虑这件事。

英国在不列颠之战中顽强而卓有成效的抵抗使罗斯福下决心向英国提供这些驱逐舰，但仍需要找到不经国会而使其合法化并对美国有利的措施。办法终于有了，即要求用 50 艘旧驱逐舰换取英国在西印度群岛的一系列军事基地，外加百慕大。这样便可以突破法律障碍，使总统利用行政手段实现这种转让。另外美国还是有点担心英国的抵抗，因此要求英国政府保证，如果英抵抗失败，英国将不会投降或凿沉舰队，而是把它们转移到不列颠以外的英联邦港口。尽管丘吉尔深知这种转让极不等价，但面对德国的入侵威胁和对战舰的需要，仍然接受了这个建议。9 月 2 日罗斯福以行政协定方式将 50 艘旧驱逐舰出让给英国，美国则获得英国在纽芬兰、百慕大、巴哈马群岛、牙买加、安提瓜、圣卢西亚、特立尼达和英属圭亚那 8 个海空军基地的租借权，租期 99 年。不过其中的纽芬兰和百慕大的租借权是作为英国赠送给美国的礼物，这是丘吉尔的主意，为的是保全大英帝国的面子。

"战舰换基地"的交易看似英国代价昂贵，但对双方的意义同样重大。罗斯福宣称，取得这些基地是"自从购买路易斯安那州以后在加强国防方面所采取的最重要的行动……这些安全前哨对西半球的价值是无法计算的"。丘吉尔则认为，这些旧驱逐舰不仅对当前英国的生死存亡来说是"无价之宝"，而且美国的这一行动更是一种"非中立行动"，是美国结束中立而实行英美联防的第一步，这种联合将"和密西西比河一样，它将滚滚奔流！"

六、德意日条约——三国同盟形成

"战舰换基地"的英美联防协定使希特勒心中不安。与不列颠的空战已近一个月，胜利希望渺茫，现在英国又得到美国帮助，腰杆自然更硬。可自己在欧洲的朋友不是不肯帮忙，就是帮倒忙，倒是远东的日本成功地迫使英国把援华的关键道路滇缅公路关闭了三个月。现在德国需要借助日本的力量使英国屈服，并牵制美国阻其参战。看来是与日本重开缔结军事同盟谈判的时候了。

早在1936年11月德日之间就签订了防共协定，过了一年意大利加入该协定，加上在此之前德意已结成"轴心"，因此三国也就算是盟友了。随着德意在欧洲和地中海的扩张和日本在中国侵略的升级，三国缔结军事同盟的谈判便提到议事日程。但是从一开始各国的目的就极不相同，每个国家都只为自己打算：德国希望意大利在地中海对英法捣乱，希望日本在亚太地区分散英法军事力量，牵制美国，遏制苏联，以减少自己在欧洲行动的障碍；意大利希望德、日支持它在地中海、非洲甚至巴尔干的扩张；日本则希望德、意在欧洲的行动能牵制英法苏，甚至美国，使自己不但能走出在中国的困境，还能在亚太其他地方放手扩张。但日本不想卷入欧洲的争端，因此在缔结军事同盟方面远不如德国热心，连缔结这一同盟的谈判也是德方先提出的。

1938年初德日开始谈判。日本只想以苏联为主要目标，把该条约作为"防共协定"的延伸，不想公开签订把英美也包括在内的条约；德国则坚持要把英美苏全作为敌人，因此双方一直谈不到一块儿。特别是1938年7月和1939年5月，日苏分别在苏中边界的张鼓峰地区和苏蒙边境的诺门坎地区发生武装冲突，两国关系急剧恶化，日本更是坚持要签订只针对苏联的条约。德国对日本的拖延和顽固急不可待，便先于1939年5月22日与意大利签订了军事同盟，即所谓"钢铁同盟"，继而又为了对波兰战争的需要，转过头于8月23日与苏联签订了互不侵犯条约。这一完全不考虑日本的要求又完全背着日本而进行的外交行动，令日本又惊又恼，遂停止了三国军事同盟的谈判，平沼骐一郎内阁也不得不以所谓"欧洲的天地发生了复杂离奇的新形势"这种殊不可解的词句而辞职。

欧洲战争爆发后日本宣布中立，专事中国问题。直到1940年春天德国横扫西欧，而日本却更深地陷入中国人民抗日战争的汪洋大海之中的时候，在日本一度销声匿迹的缔结三国军事同盟的主张才重新抬头。德国的胜利使日本认为英国的崩溃已指日可待，日本迎来了一个千载难逢的向南方推进，夺取英法美在东南亚的领土，建立"大东亚新秩序"的好时机，于是在国内纷纷流行"不要耽误了公共汽车"的说法。另外欧洲的形势也引起日本新的担心：如果最后胜利属于德国，德国势必向东亚扩张，因此现在必须与德国订立盟约，双方划分战后势力范围，不但靠它来保证日本南进的成功，而且用它来制止德国向东亚发展，否则将会"一失足成千古恨"！因此，日本第二届近卫文麿内阁遂决定与德国重开谈判。

1940 年 9 月 7 日德国特使斯塔玛到达东京，由于双方的目标现已一致针对英美，所以没费多少时日便达成了协定。27 日《德意日三国同盟条约》正式签字，规定日本和德意相互承认并尊重各自在欧洲和"大东亚""建立新秩序"的领导地位；三国中任何一国遭到现在尚未参加战争的国家攻击时，须在政治、经济、军事上互相援助。在此期间日军进驻了印度支那北部，迈出了南进的第一步。

然而三国军事同盟实在不能算是名实相符，"二战"的整个进程中他们之间互不配合的情况比比皆是。且不说希特勒与苏联签约不仅背着日本，也背着他的"铁哥们儿"墨索里尼，令后者自尊心大受伤害，所以在德国发动战争前要求意大利共同行动时，墨索里尼请德国提供的所需军火物资及原料清单"足足能气死一头公牛"！而且欧战爆发后意大利保持中立，使全世界颇感惊讶，原来"钢铁同盟"并非钢铁。

| 1940 年 9 月 27 日，《德意日三国同盟条约》在柏林签订

就说后来意大利参战了，但对希腊的行动也是先干后说。以后德国进攻苏联的计划一直对意、日保密，而日本袭击珍珠港之前德意对此事也丝毫不晓。太平洋战争爆发后三国虽然以协定形式强化了军事同盟关系，但基本上仍是各打各的仗。这样的同盟在历史上实属少见。

七、ABC 会谈和租借法案——英美走向同盟

虽然三国同盟条约的签订对德意日的关系并没有实质上的加强，但对英美关系的进一步发展却是个促进。日本南进的速度之快使防御力量不足的英、美迫切需要相互配合行动。特别是在此有着巨大领土利益的英国，更是希望借美国的力量遏制和打击日本，为自己看守远东门户。美国则感到自己早晚要介入战争，那么采取什么样的战略才能保证既能彻底打败法西斯，又能保卫和最大限度地发展美国的利益，便成了美国在参战前必须认真考虑的问题。于是罗斯福和丘吉尔决定把两国之间已经进行的非正式参谋会谈升格为三军参谋长级会谈，为一旦美国参战制定正确的战略原则。

正式会谈前，双方军事首脑决定了各自的立场。美国的看法集中体现在海军作战部长斯塔克写的一份重要的题为"国家防御政策"的备忘录，即"猎犬计划"也称"Dog 计划"或"D 计划"之中。其中心思想是，一旦美国参战，在保卫西半球的同时，应在大西洋和欧洲积极援助英国，取得打败纳粹德国的胜利，然后再回过头来打败日本。这就是"在大西洋取攻势，在太平洋取守势"的原则，这是最符合美国国家利益的政策。正如斯塔克在"D 计划"的一开头就明确

指出的："如果英国赢得了对德国的决定性胜利，我们也能处处胜利，但是如果英国输掉了战争，那么我们面临的问题将是极其严重的，尽管我们或许不会处处失败，但我们可能处处赢不了。"这种战略，并非出于美国对英国的感情，而是出于美国人认识到，"如果他们（指英国）失败，我们自己将处于困难之中"。但是英国的立场与美国不完全相同。处于德意激战中的英国自然要把保卫本土、保卫大西洋和欧洲放在第一位，但它不肯放弃它的远东帝国并指望由美国来保卫它。这个要求英国已讲过多次，美国全未应允，这一次英国三军参谋长们决定要亲自对他们的美国同行提出来。

1941年1月29日会谈在华盛顿正式开始，参加者除美英两国外，还有英国自治领加拿大的代表，因此又称"ABC会谈"。双方对保卫英国和大西洋，首先解放欧洲看法一致，无须太多争论；但在太平洋方面意见分歧严重。英国代表团长贝莱尔斯海军上将力陈远东及作为远东之关键的新加坡对英国的重要性，声称如果失去星洲，英联邦的整个凝聚力将随之荡然无存；但目前英国又不能以牺牲大西洋和地中海为代价去增援新加坡以防日本，因此要求美国派主力舰队去保卫这个远东要塞。然而美国坚持在大西洋担当重要角色，坚决反对在次重要地区做出代价昂贵的力量转移。美海军主要发言人特纳将军一针见血地说，如果英国人希望帝国得到保卫，你们就得自己去做这件事。对此英国人无言以对。

出于共同抗击法西斯的需要，两国军事专家们终于在1941年3月29日签订了会谈协议，即"ABC—1协定"，明确规定一旦美国参战，两国联合作战的总战略是"先欧后亚"原则，也即"先欧后亚大战略"。这个大战略原则成为以后指导同盟国实际进行全球联合作战的基本战略。因此 ABC 会谈也成了两国建立军事同盟的关键一步。

就在参谋会谈进行过程中，罗斯福在力争扩大经济援助英国方面又取得重大进展，1941 年 3 月 11 日他终于签署了由国会批准的"租借法案"。

何谓"租借法案"？原来这是罗斯福总统和他的顾问们想出的不须英国付钱就可得到美国大量战略物资的援英办法。到 1940 年 11 月，英国财政已十分拮据，驻美大使洛西恩曾坦率地对一群美国记者说："朋友们，英国破产了，现在希望你们给点钱。"12 月 8 日丘吉尔给罗斯福发去一封 4 千字长信，陈述英国财政困难，说明英国已无力支付所有在美国订购的战略物资清单，要求美国帮助。第二天正在加勒比海作巡航旅行的罗斯福收到此信，颇感形势紧迫。但由于英国一直欠着第一次世界大战时借美国的战债不还，美国法律不允许借钱给赖账者，所以罗斯福不得不冥想苦索其他办法。这办法便是"租借"。总统曾在他回国后的一次记者招待会上用一个生动的例子说明了他的"租借"思想。他说，如果他邻居的家着了火，他将把自己花园中的浇园水管借给邻人使用，如果灭火后水管完好如初，邻居便把水管还给他，还会对他表示十分感谢；如果有损坏，便换一个新的来代替。这个办法既绕过了法律障碍，又可把大宗物资运到英国。在罗斯福总统和其他政府主要官员的一致努力下，终于促请国会批准了这一法案，随后又批准了为执行该法案拨款 70 亿美元的议案。

"ABC—1 协定"的达成和"租借法案"的通过标志着美国终于放弃了中立，对法西斯国家"不宣而战"。以后租借法案的实行扩大到中、苏等 30 多个国家，美国先后为实施"租借法案"拨款 500 多亿美元，以自己的强大经济实力支持着抗击法西斯的斗争。

第 四 章

全球战争与反法西斯大同盟
（1941 年 6 月—1942 年 1 月）

一、巴巴罗萨——德军入侵苏联

对俄国来一次"十字军东征"，是希特勒不可更改的既定方针。早在他那本臭名昭著的《我的奋斗》中，他就疯狂地叫嚣："不管怎样，要继续向东推进，必须把俄国从欧洲国家的名单中划掉。"他从未真正隐藏过对布尔什维克的敌意，仅仅由于战略上的原因，他才采取权宜之计，与斯大林签订条约。当 1940 年 7 月希特勒已占了大半个欧洲时，他立即要求军方准备进攻苏联。8 月德国参谋总部便着手制定进攻苏联的作战方案。

当然希特勒也没忘记利用一下与苏联的"友好"关系，向死不肯低头的丘吉尔施加压力，并借此探探斯大林的虚实。于是 1940 年 11 月 2 日，苏联外长莫洛托夫被邀到柏林与希特勒进行政治磋商。希特勒提出一个以假定英国垮台并瓜分英帝国遗产为基础的德苏划分势力范围的方案，并给苏联向印度洋发展的机会。然而"冷冰冰的"莫洛托夫表示，他对从纳粹尚未打败的英国那儿假定取得什么东西毫无兴趣，他现在要的是在欧洲之内划分势力范围，他要求德国对其在巴尔干的行为作出解释，并暗示苏联的最低要求也是在巴尔干处于有利地位。苏联对战略利益的开价使希特勒无法接受，莫洛托夫一事无成回了国，恼怒的希特勒则咬牙切齿地发誓一定要摧毁苏联。

1940 年 12 月 18 日希特勒发出第 21 号指令："在对英作战尚未结束之前，德国三军即应准备用速战速决方式来击败苏联"。该指令以"巴巴罗萨"为代号，其意十分明显，即借用十字军东征时神圣罗马帝国皇帝腓特烈一世的绰号"巴巴罗萨"（意即"红胡子"），给自己的对苏战争戴上"圣战"的光环。他得意地狂想：当"巴巴罗萨"开始启动时，"全世界将会大惊失色，难置一言！"尽管不驯服的南斯拉夫和骄狂又无能的墨索里尼迫使他的攻苏计划推迟了 5 个星期，但 1941 年 4 月 30 日希特勒最终定下了东进日期——6 月 22 日。不过 5 月 10 日他最亲密的心腹人物赫斯私飞英国去谈判的突发事件，着实让希特勒和全世界都大为震动了一阵，但它对进攻俄国来说不过是个无关宏旨的偶然事件，希特勒的决定是不会更改的了。

　　然而此时苏联的整个外交及战略格局仍是苏德互不侵犯条约，虽然斯大林对希特勒的种种行为疑窦丛生，但又相信通过他小心谨慎地恪守条约就可避免或至少推迟战争爆发，因此苏联的备战工作不紧不慢地进行："东方战线"已经建立，又与东邻日本缔结了《日苏中立条约》，以实际承认伪"满洲国"换取了日本在一旦苏德开战时的中立；加紧在苏联东部进行经济建设并东移一部分国防工业；按部就班地进行着军事部署与动员……，但这一切都是防御性的。更为严重的是，斯大林自己不喜欢听到德国攻打苏联的情报。按说德军从 2 月便开始在东方大规模集结部队，这种行动无论如何严密遮掩，也不可能天衣无缝。美英等国情报部门早就通报了苏联希特勒即将进攻的情报，苏联自己的情报人员、杰出的德国裔苏联间谍里哈尔德·佐尔格也在 1941 年 6 月之前，几次通报克里姆林宫，德国计划很快进攻苏联。而来自中国的情报也于 6 月 16 日通过共产国际的季米特洛夫交到了斯大林手中，这是德国进攻苏联前斯大林收到的最后一个有关这个问题的情报。但是斯大林却没有认真对待这一信息，他把这些看作是帝国主义的挑拨，称之为"无稽之谈"而对此置之不理。另外斯大林的"肃反"扩大化殃及大批红军指挥人员，严重削弱了苏军的指挥能力和战斗力。结果在迫在眉睫的纳粹进攻问题上斯大林自己骗了自己。当德国空前大规模的入侵滚滚而来的时候，苏联没有做好充分准备。

1941年6月22日，法国向德国投降一周年之日，也是拿破仑入侵俄国129周年的前一天，希特勒重走拿破仑之路，渡过涅曼河猛扑苏联，在发动进攻一个半小时之后才向苏联宣战。希特勒终于陷入了他发誓要避免的在两条战线上同时作战的陷阱。现在战争进入了全面开展的阶段，英国人已不再孤军奋战，战争进一步向东方扩大，但战场上的胜负还远未见分晓。

希特勒集结了150多个师的德军兵力，实施了全线推进而不是集中兵力给以决定性打击的闪击战略。入侵德军仍分为三个集团军群：北路由勒布指挥，从东普鲁士出发，穿越波罗的海三国，以列宁格勒为目标；中路由包克指挥，从华沙地区出击，指向

| 1941年6月22日，德军攻入苏联

莫斯科，是为主攻方向；南路由伦斯德指挥，面向一望无际的乌克兰麦田，以基辅为目标。他们还带着附庸国匈牙利、罗马尼亚、斯洛伐克和意大利的近 40 个师的部队，总共约 550 万人，坦克 4300 辆，飞机近 5000 架。北方的芬兰人则再次拿起武器以报在冬季战争中被苏联打败之仇。

德军在从波罗的海到喀尔巴阡山的 2000 英里的战线上发动全线进攻，仍是以飞机猛轰军用机场、重要城市、交通枢纽和军事基地开始，以坦克和摩托化部队为先导向苏联腹地推进。最初他们似乎将扫荡面前的一切。几乎毫无戒备的苏军抵抗在德国的闪击下显得微不足道，一天之内苏军 1200 架飞机便被击毁，其中 800 多架还未来得及

德军士兵站在被摧毁的苏联坦克上

起飞。由于交通受阻，联络中断，慌乱中的部队不知所措，甚至发出的电报都忘了使用密码。

德军按计划展开大包抄作战行动。在中路，平行的坦克纵队分南北两路冲过开阔的原野，直冲到达布列斯特—立托夫斯克才受到顽强抵抗。经过一周的激烈战斗，德军才踏过这座曾在"一战"中作为两国握手言和之地的要塞，6 月 30 日完成了对明斯克的合围，苏军约 50 万人被围其中，28 万多人成为俘虏。7 月中旬，德军攻克斯摩棱斯克，苏军西方方面军在铁木辛哥将军率领下英勇反击，展开斯摩棱斯克会战，牵制德军 2 个月，使德军终未完成对该地区的合围，红军则赢得了宝贵的时间，为保卫距该城 200 英里远的莫斯科做好了必要准备。在北路，德军依仗优势兵力，7 月初就推进到里加，9 月 8 日即封锁了列宁格勒，并开始了围攻该城的战役，不过要攻下这座城市的目的却从未能实现。在南路，伦斯德军群受到苏军有力阻击，因为苏军的防御重点正在西南方，布琼尼元帅率领的西南集团军群兵力庞大，但伦斯德靠奇袭获得推进，9 月中旬打到位于第聂伯河沿岸的乌克兰首府基辅，在基辅以东 150 英里之处完成了对苏军的合围，9 月底结束基辅战役，60 多万苏军被俘。

苏德战争最初两个月，苏联损失惨重，红军约 100 万被俘，70 万伤亡，德军大致控制了苏联西部 500 公里地区。但红军的顽强抵抗也令德国人吃惊，无论有多少军人被俘，总是有更多的部队准备守住下一道防线，就这样德国人被引诱得越来越深入。在经过短暂的震惊、愤怒、幻想和平解决"边境冲突"之后，苏联于 6 月 30 日成立了以斯大林为首的国防委员会；7 月初把战略进攻改为战略防御策略，使抵抗走上正确方向；8 月 8 日斯大林亲任武装部队最高统帅，把 6

月 23 日成立的苏军总统帅部相应改名为最高统帅部；国民经济也迅速转入战时轨道。最可贵的是苏联人民的坚韧不拔、英勇无畏的伟大爱国主义精神。正是这种精神形成了抗击纳粹侵略的不屈不挠的铜墙铁壁，最终把德军一直堵在了莫斯科大门之外。

二、莫斯科保卫战——"闪击战"的破产

德军入侵苏联和苏联的抵抗，开始了苏联伟大的卫国战争，尽管最初出师不利。1941 年初秋，希特勒想当然地认为苏联已经完蛋了，因为它的两个最大的城市列宁格勒和莫斯科一个已成孤城一座，马上就能被从地球上消灭，另一个则只需刮起一股强劲"台风"就会被拿下。然而事与愿违。英雄的列宁格勒人民忍受着难以想象的艰难困苦，尤其是饥饿，抗住了德军的围攻，使这座孤城在长达 900 天的围困中保持着活力，直到 1944 年 1 月 27 日在苏军全线大反攻中胜利解围。莫斯科的保卫者们更是屹立不动，使侵略者只能在离该城 20 公里之处看到克里姆林宫顶端的红星，却从未能以征服者的姿态进入克里姆林宫。

不过在 1941 年 9 月底，苏军的确面临极其严峻的战斗形势。在苏德战线的北端是孤城列宁格勒，命运难测；南方的基辅已落入敌手；现在黑海港口敖德萨又危在旦夕。9 月 6 日希特勒发布第 35 号指令，代号"台风"，向莫斯科发动进攻，企图实现"巴巴罗萨"的预定目标。但德军的处境也并非很妙。由于春天的巴尔干战役和苏德战争爆发后为攻打乌克兰而要求中路暂停推进，使攻打莫斯科的战役推

迟了至少一个月。它不仅给苏军以时间，能够在中部地区集结防守兵力，做好保卫首都的准备，而且俄罗斯的严寒冬季也将使战线已长到极点的德军尝到当年拿破仑的经历。

9月30日，中路德军以180万人，1700辆坦克和约1390架飞机的兵力实施进攻莫斯科的"台风"行动。苏军已有准备，用三个方面军保卫莫斯科，西方面军准备阻止德军沿主要方向突入首都；预备方面军准备击退突破西方方面军的来犯之敌；布良斯克方面军的任务是阻止德军沿莫斯科外围防御阵地对布良斯克的突破。10月2日德军以闪击式炮击和轰炸拉开了莫斯科战役的序幕。由于苏军对形势估计错误，又未认真进行侦察防御和建立纵深防御地区，加上坦克的缺乏，因此初期再次失利，使古德里安的装甲先头部队轻易突破布良斯克的苏军阵地，迅即占领奥廖尔和布良斯克，60万苏军被合围于维亚兹马和布良斯克之间。13日莫斯科西南100英里的卡卢加失守，接着西北的加里宁陷落。10月中旬"台风"行动初战告捷，苏军的5000门大炮，1200辆坦克和上万红军落入敌手。莫斯科处于万分危急之中。

从10月15日开始，苏联政府的部分机构和外交使团撤往古比雪夫，但斯大林留在了莫斯科，这是对恐慌的居民的镇定剂。全市人民在斯大林和新任西方面军（这时该军已与预备方面军合并）总司令的朱可夫的指挥下迅速动员，组织了3个工人师，十几万人的民兵师，几百个巷战小组和摧毁坦克班，全市约45万人修筑防御工事，其中3/4是妇女，他们在严寒的气候中建成了令德军吃惊的防御圈：上百公里长的防坦克障碍物和防步兵障碍物，几千个发射点和支撑点，增强了莫斯科的防守能力。同时来自全国的支援物资也源源不断。人民发誓决不能让纳粹玷污列宁的陵墓。

这时上苍似乎也要惩罚邪恶，这一年俄罗斯的冬天提前到来。10月6日冬雪初降，大雪随降随融，不久地面和道路便成为深陷的泥潭，以后开始下大雨并飘落零星雪花，连续不断，于是对大量没有履带的德国机动车辆和步兵来说，道路状况之糟糕已成为灾难性的。加上由于缺少御寒装备，使疾病和寒冷造成的减员已经比作战伤亡还要大，因此德军的推进速度被迫减低下来。到10月底11月初，德军终于在全线逐渐停止战斗，以待大地封冻再做打算。

然而在莫斯科城内，严寒似乎给人以更高的战斗激情。11月6日兵临城下的莫斯科人民在地铁马雅可夫斯基车站里举行了"十月革命"24周年庆祝大会，斯大林庄严宣布：我们的事业是正义的，胜利一定属于我们！第二天，斯大林在红场检阅了直接开赴前线的红军队伍，大长了人民的志气，气壮山河。

经过半个月的整顿，11月15日德军在晴朗而寒冷的天气里重新开始了对莫斯科的进攻，他们打算用西、南、北三面钳形包围莫斯科，最后会师莫斯科以东的战略，一举占领苏联首都。但是，尽管德国的摩托化尖兵深入到离莫斯科仅20公里之处，但再想前进一步都已十分困难。这不仅由于苏军已有所准备，更由于无数军用列车已不分昼夜地把驻防西伯利亚的苏军调往西线保卫莫斯科，因为秘密谍报人员佐尔格已及时从东京发来日本已决定南进，不会攻打苏联的电报。另外，骤然下降的气温，使德军飞机、坦克、汽车、大炮难以发动，使冻残冻伤冻病的士兵激增。苏军得利于天时地利人民团结一心，乘德军不得不转入防御而又立足未稳之机，于12月6日开始快速大反击，迅速打退了从北、南及中路企图包抄莫斯科的德军。到

｜ 莫斯科反击战

1941 年底，中路德军被击退 100—250 公里，收复克林、加里宁、卡卢加等城市，解除了德军对图拉的包围，德军损失惨重，终未能会师莫斯科以东。

在保卫莫斯科的激战之际，红军在北方解放了齐赫文等城市，在西南收复罗斯托夫，从而配合了保卫首都的战役。希特勒虽在一怒之下撤了立下大功的古德里安和陆军总司令勃劳希契等人的职务，自己亲任陆军总司令，但最终不得不接受在莫斯科城下惨败的事实。

莫斯科保卫战是德国陆军在"二战"中遭到的第一次大失败，东线德军伤亡 75 万人，损失坦克 1000 多辆，大炮 2500 多门，"闪击战"终于破产。希特勒必须进行一场持久的两线作战。

三、持久战——欧战爆发后的中国战场

德国侵略波兰后，世界的注意力转向欧洲，但是作为世界上最早反法西斯的东方主战场，中国大地上仍牵制着日本百万大军。从东海之滨到太行山上，从黑龙江畔到五指山区，抗日烽火连天，特别是随着日军的战略调整，中国共产党领导的解放区战场，逐渐成为抗日战争的主战场。

早在1938年10月日军占领广州和武汉之后，便被迫放弃速战速决的幻想，进入战争的相持阶段。面对中国共产党领导的抗日民族统一战线和敌后战场，日本政府改变了侵华方针和策略。在政治上以诱降国民党政府为主，军事打击为辅的政策，以求分化国民党，削弱正面战场的抵抗；在经济上加紧掠夺占领区，建立所谓"长期自给体制"，以求达到"以战养战"的目的；在军事上在"确保"占领区的同时，将作战重点逐渐从正面战场转向解放区战场，妄图把抗日根据地分成若干小块，形成"囚笼"，然后分别予以"扫荡"消灭；在外交上加紧与德、意法西斯勾结，既作出反苏姿态，又向英美施加压力，以期诱使英美劝降蒋介石，使自己得以在中国拔出泥足，并进而在同英美于西南太平洋的角逐中采取主动。

随着日本侵华战略方针的改变，国民党内部的分化和对抗日的动摇日益加剧。先是国民党的二号人物汪精卫首先响应日本的诱降，于1938年12月18日携其党羽潜离重庆，取道河内，投敌卖国当了汉奸，并进而于1940年3月在日本的支持下在南京粉墨登场，组成伪国民政府，成了中华民族的千古罪人。接着，日本对蒋介石开展诱

其投降的"桐工作"，怂恿蒋汪合流，承认日本侵华结果，实现中日停战。蒋介石曾一度发生动摇，但终为国内的抗日浪潮和国际上的抗日大势所趋，不敢步汪精卫之后尘，中止了与日方的谈判。但是，蒋介石担心中国共产党领导的抗日民族武装力量的迅速壮大危及自己的统治，便在消极抗日的同时，积极防共反共，不断制造反共摩擦，连续制造了三次反共高潮。

第一次反共高潮发生于 1939 年冬至 1940 年春，国民党顽固派制造了一系列反共摩擦事件。对此，中国共产党给以坚决回击，并提出"人不犯我，我不犯人，人若犯我，我必犯人"的自卫立场，"有理、有利、有节"的斗争原则，以及"发展进步势力，争取中间势力，孤立顽固势力"的策略方针。第一次反共高潮被击退。

震惊中外的"皖南事变"，是第二次反共高潮的顶点。1941 年 1 月，国民党顽固派对华中的新四军军部发动突然袭击，新四军军部和所属皖南部队 9000 余人，在遵照国民党军事当局的命令向北转移的途中，遭到国民党军 8 万余人的伏击和围攻，致使新四军除了 2000 余人突围、一部分被打散之外，大部分壮烈牺牲或被俘，军长叶挺在同国民党军谈判时被扣押，副军长项英在突围时遇害。事变发生后，蒋介石颠倒黑白，竟诬称新四军"叛变"，宣布取消新四军的番号。

皖南事变发生后，中国共产党以抗日大局为重，在军事上坚持严守自卫，在政治上进行坚决回击。中央军委于 1941 年 1 月 20 日发布重建新四军军部的命令，以陈毅任代军长，刘少奇为政治委员。同时，党中央公布大量事实，揭露国民党当局破坏抗战的图谋，提出惩办祸首、释放叶挺、废止国民党一党专政等 12 条解决事变的办法。

在重庆的《新华日报》冲破国民党的新闻检查，毅然发表周恩来悲愤写下的两条亲笔题词手迹：一条为"为江南死国难者志哀"，另一条为"千古奇冤，江南一叶，同室操戈，相煎何急"。中国共产党以民族大义为重的鲜明立场，得到了各方面进步势力的支持。宋庆龄、何香凝等在香港发起抗议运动，华侨领袖陈嘉庚致电国民参政会，呼吁团结，反对蒋介石倒行逆施。蒋介石迫于国内外压力，只好于当年3月公开"保证"今后决不再有"剿共"军事行动。至此，皖南事变得以政治解决，国民党顽固派的第二次反共高潮被击退，抗日民族统一战线得到维护。

1943年春，蒋介石又借出版其署名的反共反人民的《中国之命运》一书，暗示将要在两年内消灭共产党和一切革命力量，并以当年5月共产国际宣布解散为由，要求"解散共产党""取消陕甘宁边区"，还密令驻守西北的胡宗南部准备向陕甘宁边区进攻。对此，中国共产党一面在军事上进行部署，一面在政治上进行强有力的反击，致使国民党顽固派的第三次反共高潮尚未到来就被制止，没有发展成大规模的武装进攻。

中国共产党面对国民党顽固派的三次反共高潮临危不惧，以民族利益为重，坚持抗战、团结、进步的方针，空前提高了在全国人民中的政治地位，进一步证明了中国共产党是全民族抗战的中流砥柱。

在战略相持阶段，日本为向国民党政府施加压力，继续向国民党正面战场发动进攻，从1939年9月到1941年12月，先后发动了第一次长沙战役、桂南战役、枣宜战役、豫南战役、中条山战役和第二次长沙战役。在这些战役中，国民党爱国将领和官兵英勇杀敌，抵抗了日军的疯狂进攻。1940 年 5 月，日军重兵进攻湖北枣阳和宜昌地区，第 33 集团军总司令张自忠将军抱定战死决心，率领中国守军奋战 9 昼夜。他在左臂负重伤的情况下仍然坚持指挥，身中数弹，右胸被子弹洞穿，后在"杀敌报国"声中流尽了最后一滴血。噩耗传出，举国哀悼。周恩来曾赞扬他"其忠义之志，壮烈之气，直可以为中国抗战军人之魂"，流芳百世。为纪念这位抗日民族英雄，北京、天津、武汉等城市均有以"张自忠"命名的街道。

在敌后战场上，中国共产党领导的积极抗战取得了很大战绩。从 1938 年到 1940 年底，八路军、新四军已在抗战中发展到 50 万人，解放区人口已达 1 亿，大小十几块抗日根据地和游击区散布在敌后。在毛泽东的《论持久战》和《抗日游击战争的战略问题》等光辉军事著作指导下，抗日军民紧紧包围处于交通线和孤城之中的日军，开展游击战，使他们天天挨打，处处被动，难于招架。仅在 1940 年，日本华北方面军就进行了 20123 次战斗。1940 年 12 月 1 日，日本天皇忧心忡忡地对参谋总长杉山元说："侵入莫斯科的拿破仑就是败在消耗战与游击战上，日本军在中国是否感觉到无法对付了？"可见游击战争给了日军多么大的打击！

中国共产党坚持抗战，在各敌后抗日根据地掀起大生产运动，自己动手，丰衣足食，打破日伪军的封锁。另一方面，八路军主动出击，于 1940 年发动了"百团大战"。发动这次大战的主要原因，是由于中国出现了"空前投降危险与空前抗战困难"。当时在国内，由于日本的诱降活动，国民党政府发生严重抗战动摇；在国际上英国因欧战爆发无力东顾，便在日本压力下，无视中国的抗战需要，继法国封闭滇越铁路后同意关闭滇缅公路 3 个月，从而切断了外部世界对英勇斗争的中国人民提供军需品和其他必需品的供应。为了坚决反对投降，振奋抗日军民，八路军总部决定在华北发动一次大规模的进攻战，打击日本的嚣张气焰，打破日军实行的依托公路、铁路，对抗日根据地进行封锁和蚕食的"囚笼政策"。

从 8 月 20 日到 12 月 5 日，八路军总部在彭德怀指挥下，组织的 100 多个团近 40 万兵力，在华北地区纵横 2000 公里的 50 个地点对日军发动进攻，针对敌人的交通线实行总破袭，打得敌人晕头转向，在不到一个月的时间内便使华北交通线全部陷于瘫痪。接着扩大战果，继续歼灭敌伪军队，消灭大量敌伪据点，并胜利粉碎了敌人的大反扑。

在历时三个半月的战斗中，百团大战共进行大小战斗 1800 余次，毙伤日伪军 25000 余人，破坏铁路 470 多公里，公路 1500 公里，消灭敌伪据点近 3000 个，收复县城 40—50 个，缴获大量武器、弹药和物资。"百团大战"威震中外。彭德怀在 1940 年 10 月 11 日的《新华日报》上撰文畅谈百团大战的意义："这一次'百团大战'及其所获得的胜利在华北抗战历史上乃至在全国抗战历史上都占据重要的地位。在敌人后方进行主动的大规模的战役进攻，'百团大战'还是第一次"。百团大战给日军的"囚笼政策"政策以沉重打击，极大地鼓舞了全国军民抗日必胜的坚强信念，稳定了抗日全局。日军受此重创，不得不撤换司令官，由冈村宁次接任华北方面军总司令。然而冈村宁次面临的将是更大的抵抗。

从 1941 年开始，日军以在冀中一半以上的侵华兵力和几乎全部伪军，对敌后抗日根据地进行大"扫荡"，在根据地实行杀光、烧光、抢光的"三光"政策，甚至使用鼠疫细菌、施放毒气，妄图消灭抗日力

| 八路军晋察冀部队在百团大战中攻克日军据点

量，敌后根据地出现了严重困难。中国共产党领导八路军、新四军，动员武装民众，进行了艰苦的反"扫荡"斗争。根据地军民利用伏击战、破袭战、地道战、地雷战、夜袭战、"麻雀战"、水上游击战等各种战法打击日军，使日军攻防无措，疲于奔命、不得安宁。在反击日军"扫荡"的斗争中，晋察冀军区战士马宝玉、葛振林、宋学义、胡德林、胡福才为掩护群众和主力撤退，毅然决然地把日军引上了狼牙山峰顶绝路，在子弹打光、石头砸光的情形下，狼牙山五壮士宁死不做日军俘虏，纵身跳下万丈悬崖，三人牺牲，两人重伤，用鲜血和生命谱写了一首气吞山河的壮丽诗篇！八路军副参谋长左权在指挥部队掩护中共中央北方局和八路军总部等机关的突围转移中，血洒疆场，壮烈牺牲，年仅37岁。同年，辽县改名为左权县，就是为了纪念这位在抗日

战争中八路军牺牲的最高将领。1944 年，新四军第四师师长彭雪枫在对敌斗争中身先士卒，以身殉国，年仅 37 岁。还有新四军"刘老庄连"与敌人血战到底、全部牺牲的无畏气概……抗日的英雄们留下了无数可歌可泣的感人事迹。据统计，1941 年至 1942 年，八路军、新四军、游击队、民兵共作战 4.2 万余次，毙伤俘虏日伪军 33.1 万余人，敌后军民的反扫荡斗争，牵制、消灭了大量日军，成为中国坚持长期抗战的重要因素，也是对世界反法西斯战争的巨大贡献。

┃ 1942 年，战斗在古长城喜峰口的八路军战士

在中国人民抗日战争中，各民族、各政党、各政治派别求同存异，共同抗敌。如青年学生投笔从戎，广大妇女积极宣传抗日并参加战地服务，工人加班生产支援前线，广大海外侨胞和港澳同胞也积极捐款捐物，支援抗战，数万华侨青年回国参战，台湾人民也通过举行反战暴动、开展游击斗争、抵制奴化教育等方式打击日本的殖民统治和战争政策，大批爱国台胞在七七事变后回到祖国大陆参加抗战。广大文艺工作者通过自己的方式参加进来，他们成立各种抗战协会，通过文艺作品宣传抗战，振奋士气。日本侵略者陷入人民战争的汪洋大海之中。

中国的抗战也得到了国际社会的援助。从1937年7月到1941年12月，英、法、苏等国已先后参战。据统计，除了苏联对华提供贷款2.5亿美元之外，英国对华提供援助贷款1550万英镑，美国提供财政援助贷款1.7亿美元，法国提供贷款1500万美元。到1941年5月，美国将租借法案用于中国，在1941年通过租借法案拨给中国的物资总值为2582万美元，占美国拨给各国物资总额的1.7%。这些援助，对中国的抗战给予了支持，但远远不能满足中国抗战的需要。另一方面，苏联在1941年后因处境困难和自卫需要，援华减少，特别是1941年4月苏联和日本签订《苏日中立条约》，更是不可能援华。而英法在欧洲被德国打得节节败退，在远东继续向日本退让。

因此，在亚太地区仍是中国孤军奋战，中国战场也一直牵制着日军主力。例如，太平洋战争爆发时，日本陆军的主力仍在中国。日本投入南方战场（即东南亚和太平洋战场）的兵力，只有10个师团和3个混成旅团，约占陆军地面部队的20%，而日本的中国派遣军司令部下辖21个师团、1个骑兵集团、20个混成旅团，另外还有大本营直属第四师团驻扎上海，关东军司令部则下辖13个师团和24个混成旅团，约 70％ 的陆军仍陷于中国大陆人民战争的汪洋大海之中。这不仅使苏联得以避免两线作战，从而能集中力量对付德国，而且大大减轻了太平洋战争初期美国、英国、荷兰面对日军的压力。对于中国战场的伟大作用，罗斯福总统曾有过公允的评价。1941 年 5 月 27 日，罗斯福曾指出，不断加强的"中国的壮丽的防御战"，是阻止希特勒征服世界的计划接近完成的重要因素之一。珍珠港事件发生后，他更是深切认识到中国抗战的意义，1942 年春，他对其子说："假如没有中国，假如中国被打垮了，你想一想有多少师团的日本兵可以因此调到其他方面来作战？他们可以马上打下澳洲，打下印度……他们并且可以一直冲向中东"；"日本可以和德国配合起来，举行一个大规模的夹攻，在近东会师，把俄国完全隔离起来，割吞埃及，斩断通过地中海的一切交通线。"就连一向轻视中国抗战的丘吉尔，也在 1942 年 4 月 18 日写道："我必须指出，中国一崩溃，至少会使日军 15 个师团，也许会有 20 个师团腾出手来。其后，大举进犯印度，就确实可能了。"可以毫不夸张地说，中国人民在极其困难的情况下，以巨大的民族牺牲坚持抗战，支撑起了世界反法西斯战争的东方主战场。

四、偷袭珍珠港——太平洋战争爆发

1941 年 12 月 7 日（夏威夷时间）早晨，日出之后云雾消散，美国海军基地珍珠港阳光灿烂，海面明亮，平静而安谧。太平洋舰队共有 86 艘舰只停泊于港内（不算小艇），其中有战列舰 8 艘，巡洋舰 7 艘，驱逐舰 28 艘，潜艇 5 艘，但该舰队的 3 艘航空母舰不在其

中。另外在惠勒、希卡姆等机场上整齐地排列着几百架飞机。在这个
暖和而晴朗的星期天，太平洋舰队司令、美国海军上将金梅尔准备同
陆军司令肖特中将去玩高尔夫球，许多军官正在吃早饭，准备换班，
军旗队照例聚集在舰尾，等候8点钟升起军舰旗的信号，教堂的悦耳
钟声正越过港湾，飘进敞开的天窗……一切都是那样宁静而有序。然
而当时钟指向55分时，不知从哪儿钻出的180多架日本战斗机和轰
炸机呼啸而来，随即把大量炸弹和鱼雷丢在美国军舰和飞机头上，与
此同时机关炮不断把舰旗和星条旗撕成碎片，刹那间战舰起火，浓烟
滚滚，烟山蔽天；飞机起火，烈火熊熊，火海淹地。这场袭击来得既
突然又迅猛，以致在最初几分钟内，人们几乎没有意识到发生了什么

1941年12月7日（夏威夷时间7点55分），日军向美国海军在太平洋上的最大基地
珍珠港发动偷袭

事，直到 8 点钟，舰队司令部才彻底明白过来：这是日军的偷袭。

日军的第一次进击持续 30 分钟，此时坐镇于 5000 英里之外的广岛湾"长门"号旗舰上的帝国联合舰队司令山本五十六海军大将已收到"托拉！托拉！托拉！（虎！虎！虎！）"的奇袭成功的预定信号。没等美国人喘过气来，日军的第二次进击于 8 点 40 分开始，160 多架日机再次飞临珍珠港上空，在烟火弥漫中寻找港湾内和地面的目标狂轰滥炸。这一次，他们遭到少数美国陆军战斗机的抵抗，但是美国的海军飞行员却没有一个人能够在他们的飞机被摧毁之前起飞。当第二批日机于 9 点 45 分最后离去时，珍珠港上空点缀着燃烧的战舰升起的黑色烟柱和越来越猛烈的高射炮火的蘑菇状烟云。

华盛顿时间下午 1 点 40 分，即夏威夷时间 8 点 10 分，海军部长诺克斯收到金梅尔上将的电报："珍珠港遭空袭。这不是演习。"诺克斯大吃一惊："我的上帝！这不会是真的，这一定是指的菲律宾。"然而这是真的！他用电话通知了罗斯福总统。

当日美战争终于爆发时，当人们对战争来临的形势感到困惑与不可思议时，当一些美国人指责政府的对日政策出了毛病时，列宁的英明预见不禁响在耳边："为了控制太平洋和占领太平洋沿岸地区……美国和日本之间的战争不可避免。"以珍珠港事件为标志的美日战争的来临，是近百年来两国关系发展的必然结局。

1853 年"黑船来航"，美国海军准将佩里敲开了日本国门。1854 年双方签订不平等的《神奈川条约》即《日美和亲条约》，日本被迫开放一些港口。1858 年，双方再签《日美友好通商条约》，日本允许美国人在港口自由行动、美国人还获得了领事裁判权。其他列强接踵而至，纷纷与日本签订不平等条约。日本有沦为半殖民地的危险，就如中国一般。

然而，随着西方影响的加强，1868 年的明治维新终于使日本走上了资本主义道路，而对外扩张也成为日本的既定国策。于是对亚太地区特别是对中国的扩张，便成为日本和美国共同追求的目标。日本梦寐以求独占中国，美国则念念不忘它在中国的"门户开放"。因此进入 20 世纪以来，双方始终在争夺中国问题上明争暗斗。1907 年日本把美国作为自己的假想敌之一；1913 年美国则正式制定了对日本作战的"橙色战争计划"。第一次世界大战后美国不能容忍日本独占中国的状态，遂以华盛顿体系迫使日本接受"门户开放"原则。日本对此耿耿于怀，非报此仇不可。终于在 1931 年以"九一八事变"为标志，日本用武力向美国的"门户开放"提出挑战。美国因身陷经济大危机之中，虽话语强硬地表示不承认日本对中国东北的独占，但仅此而已。1937 年日本又以"卢沟桥事变"更坚决地否认"门户开放"，但罗斯福总统在孤立主义甚嚣尘上，军事准备尚未完全启动的情况下，除了把日本比作"瘟疫"，要求"隔离"之外，也只有望洋兴叹。

但美国是不能容忍日本长此下去的。当 1940 年 6 月法国的迅速败降鼓起了日本更大的侵略欲望，非要建立包括整个东亚、东南亚和西南太平洋在内的"大东亚共荣圈"之时，美国终于采取了有限的对日禁运制裁和援助中国的行动。但是德国在欧洲大陆和大西洋上的肆虐，使美国面临来自大西洋和太平洋的同时挑战。考虑到欧洲的生死存亡更直接关系到美国的国家利益，1940 年至 1941 年秋冬之际，美国政府确立了"先欧后亚"的战略原则，它要求在大西洋对德国采取攻势，在太平洋对日本采取守势。因此，与日本人谈判，力争推迟日美冲突的爆发，为军方赢得时间以做好开战准备，便成为 1941 年美国的对日政策之一。日本几乎出于同样的备战考虑，也选择了谈判之策。

若从双方民间代表的接触算起，美日之间的谈判断断续续进行了一年，其间双方曾互提方案，但终因在中国问题上仍各自坚持"门户开放"和"独占"政策，而使谈判无实质性进展。苏德战争的爆发促使日本最终下定了不惜与美英一战也要南进的决心。美国则以冻结日本在美资产和禁运石油对日本控制整个印度支那作出反应。英国、荷兰也立即仿效。但是对日本的这种强硬制裁措施采取得太晚了，它不但未能制止日本的侵略步伐，反而使日本认为在它周围已经形成一个"ABCD"包围圈（A、B、C、D分别为美国、英国、中国和荷兰的第一个英文字母），它必得用战争来冲破这个包围圈。1941年9月6日，日本御前会议正式通过《帝国国策实施要领》，决定"帝国为确保自存自卫，在不惜对美（英荷）一战的决心之下，大致以10月下旬为期，完成战争准备"。10月东条英机出任首相，战争步伐更加急促。至此，美日谈判不过成了大战前的和平烟雾。

1941年11月7日和20日，日本谈判代表分别向美国提出甲案和被称为"最后之言"的乙案，其中对日美之间有争议的问题全然没有妥协迹象。与此同时，山本五十六策划的偷袭距美国西海岸2090海里，距日本3200海里的美国太平洋舰队基地珍珠港的军事准备也在紧锣密鼓地进行。

11月26日，海军中将南云忠一率领的以6艘航空母舰为主力的特混舰队，载着400多架飞机，迎着忽飘忽停的飞雪，离开千岛群岛的单冠湾踏上了万里征程。12天后，于夏威夷时间12月7日凌晨到达珍珠港以北230海里水域。12月4日以新加坡为目标并准备在马来亚登陆的大型运输船队，也从海南岛三亚港启航。

现在箭已离弦，刀已出鞘，但华盛顿的日美谈判还在装模作样地进行，而珍珠港则疏于防范。12月6日罗斯福总统给日本天皇发出信件："希望天皇考虑一下驱散乌云的办法"。稍后，美国海军"魔术"小组破译了一组密码，罗斯福读完译稿后说："这意味着战争"。但是这封应当及时通知珍珠港基地的日本要动武的电报，却阴差阳错地迟到了三个小时，而且令人十分不解的是，这封电报还是用明码，而不是用海军特有的密码发送的！真是不可思议?！当电报到达之时，珍珠港的战斗实际已经结束。而那封"人之子"给"天之子"的信件报奏天皇得知时，日军在珍珠港的突袭已获成功。在华盛顿，日本大使野村吉三郎同样也是在珍珠港已炮火连天之后，才向美国国务卿赫尔宣读宣战诏书，赫尔义愤填膺，指责日本卑鄙无耻地不宣而战。

珍珠港一役，使美国的4艘战列舰被炸沉，4艘遭重创，180余架飞机被炸毁，60余架被炸坏，伤亡人数达3600多人；而日本只有29架飞

1941年12月8日，罗斯福签署对日宣战声明

机被击毁，70架被击伤，人员死亡不到100人。当天日本飞机同时轰炸英国新加坡海军基地，山下奉文率领的日本陆军也已在马来亚登陆。

美国以这样巨大的损失为代价，换来了孤立主义一夜之间的销声匿迹。次日罗斯福在国会签署了对日宣战声明，英国也宣布与日本处于战争状态，接着中国、加拿大、澳大利亚等近20个国家相继对日宣战。3天后德意对美宣战。至此，战争名副其实地打成了一场世界大战。

在那个全球战争的第一个夜晚，英国首相丘吉尔心满意足地安然入睡，因为现在英美两国和一切反法西斯国家终于是真正的风雨同舟了。

五、《联合国家宣言》——世界反法西斯联盟的建立

纳粹德国对苏联的大举进攻，不仅扩大了战争区域和参战人口，也使世界反法西斯联盟得以建立。首先如释重负的是丘吉尔，他正在为危如累卵的英国忧心如焚。但是在轻松宽慰之时，这位25年来虽一贯反对共产主义，但又具有政治远见的资产阶级政治家清醒地看到，希特勒"进攻俄国，只不过是企图进攻不列颠诸岛的前奏"，因此"俄国的危难就是我们的危难，也是美国的危难"，他在6月22日的广播演说中，呼吁全球与纳粹制度作斗争的国家和个人"加倍努力，只要一息尚存，力量还在，就齐心协力打击敌人"，他毫不犹豫地保证向苏联提供"我们所能提供的一切援助"。24日罗斯福也在记者招

待会上保证向苏联提供一切可能的援助。7 月 12 日英苏签订了对德作战联合行动协定，双方保证彼此给予各种援助和支持，不单独停战或媾和；8 月 16 日两国签订贸易、贷款和支付协定，规定英国给予苏联 1000 万英镑贷款。

但英国在自身十分困难的情况下，拿不出更多的东西援苏，便向美国呼吁。美国的态度最初不够坦率，尽管副国务卿威尔斯于 6 月 26 日宣布不会援用中立法案排斥苏联，但军方对援助苏联不太情愿，他们认为俄国人不出 3 个月就会垮台。为了解苏联抵抗的实情，罗斯福派他的亲密顾问、正在伦敦访问的霍普金斯于 7 月底到 8 月初访问莫斯科。在同斯大林的会晤中，霍普金斯感到了苏联抵抗的坚强决心和信心。因此这次访问成了美英和苏联战时关系的转折点。在罗斯福和丘吉尔举行他们的具有历史意义的第一次战时会晤之后，美英苏三大国便结成了世界反法西斯联盟的核心。

1941 年 8 月 9 日，"威尔士亲王"号战列舰载着丘吉尔和他的三军参谋长们，"奥古斯塔"号巡洋舰载着罗斯福和他的三军首脑，在驶过大西洋浩瀚无际的海面之后、分别抵达纽芬兰普拉森夏湾，实现了两国首脑的第一次战时会晤。双方讨论了两国的对德政策、对日政策和援助苏联问题。会后两位政治家就战争目的发表了联合声明，这就是有名的《大西洋宪章》，又称《丘吉尔罗斯福联合宣言》。美英两国首脑郑重声明：英美两国决不进行扩张；反对强加于人的或不民主的领土易手；各国人民都应有主权和自治权；促进国际经济合作；摧毁纳粹暴政，重建国际和平与人民安居乐业，并将建立"广泛而永久的普遍安全制度"以确保战后和平，等等。尽管声明中的某些条款如"机会均等""海上自由"等包含着美国与英国争夺霸权的因素，例如罗斯福嘲讽英国的殖民政策是"18世纪的方法"，要求废除大英帝国的特惠协定，而丘吉尔则反驳说他"当英王首相的目的并不是来主持大英帝国解体的"，但是《大西洋宪章》明确反映了战争的反法西斯性质，体现了时代精神。因此它不仅成为英美两国政治联盟的标志，成为世界反法西斯统一战线形成的基础，也成为后来联合国宪章的奠基石。

8月15日罗斯福和丘吉尔联名致电斯大林，建议在莫斯科举行会谈，讨论对德作战和援助苏联问题。9月24日苏联政府宣布基本支持《大西洋宪章》的原则，当天15国政府（其中9个是流亡政府）在伦敦签署大西洋宪章。

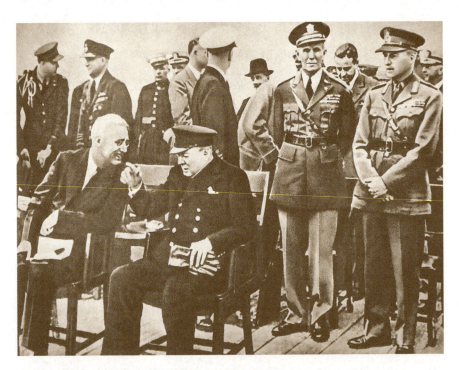

┃ 1941年8月，罗斯福和丘吉尔签署《大西洋宪章》

9 月 29 日到 10 月 1 日，美国特使哈里曼、英国军需大臣比弗布鲁克，苏联外长莫洛托夫在莫斯科举行三大国第一次高级官员会议，主要讨论美英对苏联提供武器装备和战略物资问题。10 月 1 日三国签订了大战以来的第一个议定书，规定从 1941 年 10 月 1 日到 1942 年 6 月 30 日，美英每月向苏联提供 400 架飞机，500 辆坦克和其他各种原料、武器和军用物资，并承担其运输任务。莫斯科会议正式宣告三大国在反法西斯战争中联合行动，世界反法西斯联盟初步形成。

11 月 6 日罗斯福正式宣布把租借法案的应用扩大到苏联，美国向苏联提供一笔 10 亿美元的租借法案贷款。

在美、英、苏日益加强联合抵抗纳粹德国之时，罗斯福利用 9 月 4 日德国潜艇在大西洋与美国驱逐舰"格利尔"号交火事件，于 9 月 11 日以他那特有的、著名的谈话方式——"炉边谈话"，宣布了美国在大西洋"见了就打"的护航原则。他把纳粹潜艇和快船比作响尾蛇，宣称"在响尾蛇摆开架势要咬你的时候，你不会等它咬了你才把它踩死"，他明确宣布美国将对大西洋上的德、意军舰实行不等对方首先进攻就予以打击。"见了就打"的政策，其实就是美国对纳粹德国进一步的"不宣而战"，它与"ABC—1 协定"、"租借法案"、《大西洋宪章》、援助苏联一起，使美国在正式参战前便已成为这场反法西斯战争无可争议的重要角色。

太平洋战争爆发后，丘吉尔担心美国因极度的反日情绪而改变两国已经决定的"先欧后亚"战略原则，便于 1941 年 12 月 22 日横渡德国潜艇出没的大西洋到达华盛顿，与罗斯福再次会晤。在这次代号为"阿卡迪亚"（意即"世外桃源"）的历史性会议上，罗斯福一开始就给丘吉尔吃了定心丸——美国坚持"大西洋第一"原则，丘吉尔极为满意。到会议结束时，两国再次确认了"先欧后亚"的战略总原则，一致同意重视苏德战场，并决定成立美英参谋长联席会议，以共同策划和指挥两国的军事行动和统一供应军事物资。

"阿卡迪亚"会议的另一重要成果，是在罗斯福的建议下，在会议期间由美、英、苏、中、澳、印等 26 个国家于 1942 年 1 月 1 日至 2 日在华盛顿共同签署的同样具有重大意义的《联合国家宣言》，又称《二十六国宣言》，宣布签字各国赞同《大西洋宪章》的宗旨和原则，他们将互相援助、协同作战，将这场反法西斯战争进行到底，彻底战胜法西斯主义。

1942 年 1 月，26 个国家签署《联合国家宣言》

在签署《联合国家宣言》的时候，还有一个环节也不应忽视，那就是它特有的签名方式。排在26个国家前列并比其他国家提前一天签字的是美国、英国、苏联和中国，而其他国家则按字母顺序排列并在第二天签字，这就使"四大国"正式出现在联合国家之中，它实际反映了新的联合国家联盟背后的真正均势，也表明了美国要在其中担当领导责任的强烈愿望，还第一次将中国列入四大国的行列。因此，该宣言的发表和以美英苏中为核心的反法西斯大同盟的形成，预示了战后将诞生一种新的国际秩序结构，那就是联合国。当然，这是后话。

中国之所以能够出现在"四大国"之中，一个重要的因素是中国作为大战中的东方主战场的重要作用。太平洋战争爆发后，美国才真正感到了中国抗战对美国的重要性。如果没有中国战场牵制日军主力，不仅贯彻"先欧后亚"的战略实难办到，而且美国自己是否会被赶出亚太地区也很难说。于是1942年2月7日美国参众两院一下便通过给予中国援助贷款5亿美元。同年2月2日英国也宣布给中国5千万英镑贷款，并于1944年5月达成最终协议。另一方面，罗斯福于1月1日宣布成立包括中国、泰国、印度支那和缅北的中国战区，由中国政府军事委员会委员长蒋介石出任中国战区最高统帅，美国史迪威中将任中国战区参谋长。中国战区是第二次世界大战中的太平洋战区的一部分，以后该战区有所扩大。

可以看到，正是中国人民以自己巨大的民族牺牲，在抗击日本法西斯的斗争中做出了巨大贡献，才使中国的国际地位得到了第一次大提高。正如罗斯福在1942年2月7日致蒋介石的电文中所说："中国军队对贵国遭受野蛮侵略所进行的英勇抵抗已经赢得美国和一切热爱自由民族的最高赞誉。中国人民，武装起来的和没有武装的都一样，在十分不利的情况下，对于在装备上占极大优势的敌人进行了差不多五年坚决抗击所表现出来的顽强，乃是对其他联合国家军队和全体人民的鼓舞。"太平洋战争的爆发、中国战区的成立和《联合国家宣言》的签署，标志着中国长期单独抗击日本侵略的局面终于结束。

以后又有 21 个国家加入《联合国家宣言》。《联合国家宣言》的签署标志着世界反法西斯联盟的最终形成，它表明不管同盟国家之间有着什么样的分歧，但在反法西斯的大目标下将联合一致，团结战斗，它预示着战争的世界性也将带来战争的根本转折。

第 五 章

1942—1943 年：战争的转折之年

一、斯大林格勒战役与库尔斯克会战

1942 年春天，苏军虽取得了莫斯科保卫战的胜利，但急需整顿，无力继续反攻；德军虽严重受挫，精疲力尽，但未全线溃败。随着泥泞季节的到来，漫长的苏德战线以极其犬牙交错的状况相对沉寂下来，但双方都在秣马厉兵，准备迎接更大规模的战斗。

希特勒虽野心勃勃，但无奈德军在莫斯科城下损失惨重大伤元气，不得不到仆从国招兵买马，但仍无力组织全线进攻，因此便把赌注押向南方。他打算集中优势兵力，向南方突破苏军防线，向西向南分两路攻击斯大林格勒（今伏尔加格勒）和高加索，切断莫斯科与南方重要经济区的联系，夺取顿巴斯的煤炭、库班的粮食和高加索的石油，使他的战争机器继续运转。然后既可沿伏尔加河北上向西迁回莫斯科，又可由高加索南下中亚波斯湾，还可进一步染指中东和印度洋，打开德、日联系的通道。因此若夺取了斯大林格勒，便夺得了一个纵横驰骋的战略天地。

然而，苏军更清楚斯大林格勒和高加索的价值，它不仅战略地位极其重要，而且它的得失还将对苏军和全国人民产生巨大的政治影响。但由于苏方尚未准备好足够的兵力兵器展开大规模进攻战役，故在初期主要实行战略防御，并在一些地区实行进攻。

1942 年 4 月 5 日希特勒签署了第 41 号指令，决定发动以南方为目标的夏季攻势。5 月 3 日，德军攻下刻赤。5 月 12 日苏军在哈尔科夫对德军主动进攻，但招来德军致命还击，5 月底，24 万多名苏军被俘。7 月 4 日塞瓦斯托波尔要塞落入德军手中，整个克里米亚半岛也随之失陷。这一系列扫除南线德军障碍的战斗行动，揭开了斯大林格勒之战的序幕。

6月28日德军集结于南方的部队共90多个师近100万人，分A、B两个集团军群，似潮水般冲向顿河河曲和库班的坦荡平原，苏军被迫分为两路，边战边退至斯大林格勒和高加索。这时希特勒的自信心骤然增强，认为苏军的确不堪一击，于是命令李斯特指挥的A集团军群去夺取高加索的油田，由魏克兹代替包克指挥B集团军群，目标指向斯大林格勒。

A集团军群最初进展迅猛，8月初便攻下石油中心迈科普。但这次猛冲来得快去得也快，德军已成扇形敞开在广大地域，面对燃料的缺乏和连绵的高加索山岭巨峰，终于失去了猛攻的强劲势头。在苏军的顽强抵抗以及斯大林格勒方向战役的牵制下，A集团军群在到达距高加索石油中心格罗兹尼50英里的莫兹多克之后，即使竭尽全力也无法再前进一步。

攻打斯大林格勒的B集团军群的主力部队——保卢斯的第6集团军最初似乎也进展顺利，7月中旬便进抵距该城仅60公里的顿河河曲。7月17日与苏军交火，斯大林格勒战役从此开始。尽管苏联最高统帅部已作出重大决定，坚决保卫斯大林格勒，并迅速把莫斯科的预备队调往南方，但苏军初期在进行了顽强抵抗后仍且战且退。7月28日斯大林发出"寸步不退"的命令，抵抗更加顽强。德军统帅部看到保卢斯拿不下斯城，便派第4坦克集团军从高加索调头北上，配合保卢斯从顿河西岸发起攻势。8月19日保卢斯发动首次攻击，德军在付出重大伤亡之后，于25日渡过顿河河曲，逼近斯城。23日德军已出动飞机2000架次轰炸市区。经过20多天的近郊恶战，德军才得以从东北和西南方向直接迫近该城市区。9 月 13 日保卢斯对斯城发动猛攻，3 天之后德军坦克终于进入城内，并占领了 1 号火车站和制高点马马耶夫岗。战争转入市区争夺战阶段。守城军民以誓死保卫家国的勇敢精神，利用熟悉的每一寸土地，与德军展开逐区逐街、逐屋逐楼的拼死争夺，仅 1 号火车站在一周内便 13 次易手，直到 11 月初，苏军仍坚守城中。希特勒大怒，严令保卢斯在寒冬到来之前拿下斯城，但无济于事。到 12 月下旬，希特勒的部队战线过长，既未攻下高加索，也未占领斯大林格勒，反而因兵力不足而不得不把掩护斯大林格勒侧翼的任务交给战斗力远不如德军的仆从国军队。

就在斯大林格勒的保卫者与敌鏖战的过程中，苏军秘密完成了大规模的反攻准备，他们调集了 100 多万军队，1500 辆坦克，15000 多门火炮和 1350 架飞机。在德军茫然不知的情况下，11 月 19 日代号

| 斯大林格勒战役中，苏联红军在进行巷战

为"乌拉纽斯"的苏军大反攻终于开始了！他们从南北两侧展开钳形攻势，来势之凶猛使保卢斯立即命令停止斯城市区的战斗，而希特勒本人也神经紧张，方寸大乱，不知所措。23日苏军便包围了德军第6集团军。这时希特勒一面派在塞瓦斯托波尔立下大功的曼斯坦因来解救保卢斯，一面命令保卢斯坚守阵地，不得后退。然而救援德军在苏军的强大抵抗下难于前进，为躲避南下的苏军形成对救援军队的包围之势，切断南线德军退路，曼斯坦因只得后撤。

当1943年新年钟声敲响之后，在斯大林格勒只剩下保卢斯和他的第6集团军固守阵地，等待着命运中悲剧一幕的到来。此时抵抗已是多余，即使希特勒对保卢斯的封官晋爵也不能挽回这支部队的命运。2月2日在战场被擢升为元帅的保卢斯和他的23名将军以及9万多残余部队全部向苏军举手投降。入侵高加索的德军也担心落入关门打狗的下场，便丢弃了已占领的部分油田，仓皇后撤，至此希特勒的南线作战计划彻底破产。

举世瞩目的斯大林格勒战役历时200天，不仅是苏德战场上历时最长战斗最激烈的一次战役，也是希特勒自发动侵略战争以来最大的失败。从此苏德战场上双方的战略攻势换了位置，苏军夺得了战略反攻主动权。这对整个"二战"的进程产生了不可忽视的影响。

希特勒一面大骂保卢斯不杀身成仁，一面为挽回颓势而实行全国总动员，并制订"堡垒计划"，计划在美英尚未进攻欧洲之前，在库尔斯克突出部的苏军战线发动一次钳形进攻，让库尔斯克成为德国的"斯大林格勒战役"，夺回东线主动权。然后占领顿河和伏尔加河流域，进取莫斯科。为此德军调集90多万兵力，约2700辆坦克（其中包括新式"虎式""豹式"坦克）和"斐迪南式"重型强击火炮，上万门大炮和2000多架飞机，以完成1942年的"未竟之业"。

但是这一次希特勒失算了。苏军已洞悉德军的作战意图并预测了可能进攻的具体时间，因此在准备上更高一筹：它调集了约130万人的兵力，3400多辆坦克，近2万门火炮和2100多架飞机以及大量预备队，严阵以待，等希特勒自己送上门来，以便发动一场防守反击战。

库尔斯克会战于1943年7月5日凌晨打响，德军从北方的奥廖尔和南方的别尔哥罗德分别向库尔斯克发动猛攻，但终未能真正突破苏军防线。7月12日，双方在普罗霍罗夫卡展开了"二战"中最大的坦克遭遇战，双方出动约1200辆坦克参战。在这场空前的钢铁与意志的搏斗中德军再度败北，留下400辆坦克残骸。于是这一天便成为德军在东线最不幸的日子，"堡垒"已注定了崩塌的结局。

库尔斯克会战

给希特勒的失败予强有力一击的，是 7 月 10 日英美军队首次在欧洲西西里的成功登陆。它迫使希特勒不得不在欧洲两线作战，不得不放弃"堡垒"，以抽调兵力防御德国南部。苏军乘机于 7 月 13 日开始反攻，8 月 5 日解放奥廖尔和别尔哥罗德，当晚，莫斯科鸣放礼炮并施放烟火以示庆祝。从此每解放一个重要城市，莫斯科都要以激动人心的炮声和绚丽多彩的礼花欢庆胜利。8 月 23 日苏军解放哈尔科夫，经过 50 天战斗的库尔斯克会战至此结束。它标志着德军 1943 年夏季攻势的破产，也标志着苏军战略反攻的开始。从此轴心国在苏德战场一蹶不振。

二、阿拉曼战役、盟军在北非的胜利和墨索里尼的垮台

在北非战场，1941 年的形势是攻守双方多次易位，互有大进大退，战局大起大落。造成这种状况的重要原因在于：在沙漠覆盖的北非，作战双方的一切军需物资包括淡水都要依靠从地中海和漫长狭窄的滨海交通线来运输，因此保障后勤供给就成为胜败的关键。哪一方获得了作战补充，哪一方便可辉煌一时。

1942 年 1 月下旬，隆美尔在得到坦克补充后，对英军发起突然进攻，英军败退 400 多公里。5 月底隆美尔再度出击，经过一场惊心动魄变化颇多的混战，于 6 月 21 日攻克托卜鲁克，7 月初迅速推进到离英国地中海舰队基地亚历山大港仅 70 英里的阿拉曼，才被英军阻止。这时开罗告急，伦敦紧张。在开罗的英军中东司令部和英国大使馆开始销毁文件，而伦敦则爆发了一场政府危机。

　　然而在隆美尔的胜利之中却蕴含着失败，他的过长战线增加了供给的困难，他的疲劳至极的部队失去了攻势，不得不暂停进攻。

　　1942 年 7 月 2 日丘吉尔以其非凡的能力克服了政府危机，接着他一面要求 7 月 20 日在伦敦召开的英美参谋长会议达成 1942 年秋季在北非登陆的"火炬"作战计划，以便从西面威胁隆美尔的后方，一面调兵遣将，加强在北非的第 8 集团军。8 月初他亲自前往开罗改组中东司令部，任命颇有战略眼光的亚历山大上将代替奥金莱克为总司令，任命脾气古怪却极富天才的蒙哥马利上将为第 8 集团军司令，大量的美国新式重型坦克也源源而来，从而使中东英军的面貌焕然一新。与此同时，隆美尔的德意非洲军团的力量也在恢复，但由于苏德战场的牵制，希特勒不可能给他的爱将更多的人力物力增援。

　　8 月底隆美尔在自认为是英军防线的薄弱环节阿拉姆哈勒法发动进攻，但蒙哥马利已抢先加强了这里的防御，使这只"沙漠之狐"吃了败仗。他沮丧之极、疲惫之极，加上疾病缠身，便把指挥权交给副手施登纳将军，自己回德国休养去了。蒙哥马利初战告捷，士气大振，又经过一个多月的准备，终于决定于 10 月 23 日之夜对阿拉曼的德意军团发起决定性进攻。这一次英军 23 万人，坦克 1440 辆，战斗机 1200 多架；而德意军团仅有兵

阿拉曼战役中的蒙哥马利

力 8 万，540 余辆坦克，350 余架战斗机，而且他们依靠的地中海供给线已基本在英军掌握之中。因此无论在数量上、质量上还是战斗力方面英军都占有压倒性优势。

是夜，皓月当空，英军千门大炮对准敌军阵地猛吼，在空军配合下，地面部队最初也进展顺利。但是敌军司令部却一片混乱，战役开始后不到 24 小时，施登纳突发心脏病猝然死去，奉命于 25 日晚才赶回北非的隆美尔，虽急忙调兵遣将，进行殊死搏斗，但要恢复攻势已力不从心。英军虽在坦克通过敌方布雷区时受阻，但蒙哥马利当机立断，在战线南部主要由意军防守的阵地发动攻击，11 月 2 日该防线便被英军突破。在前线亲自督战的隆美尔打算后撤，但请示希特勒的结果，却是一纸"坚守阵地，绝不后退一步"的指令，因为希特勒正在为斯大林格勒战役的初期胜利而头脑发热。于是隆美尔违心地做了最后的抵抗。11 月 4 日德军大势已去，隆美尔只有冒着上军事法庭的危险，和他的残兵败将开始了向突尼斯撤退的漫长路程。英军虽未能及时围歼敌军，但在追击过程中先后收复马特鲁、托卜鲁克、班加西、阿盖拉、的黎波里等沿海重镇。这一仗，英军俘虏了隆美尔的副手和 9 名意军将领，并使敌军折损过半，在这场"二战"中最大的沙漠遭遇战中大获全胜。

阿拉曼之战的胜利，不但使盟国确保东地中海的交通线畅通无阻，从而保证了"战争血液"——石油的供应仍能源源不断，而且使希特勒从此断绝了北非德军穿过苏伊士运河进入西亚，与苏德战场南下德军会合，并进一步与日军会师于印度洋的念头。难怪丘吉尔不无夸张地说："在阿拉曼战役以前我们是战无不败；在阿拉曼战役以后，我们是战无不胜。"从此盟军交上了好运。

　　阿拉曼战役结束后仅 4 天，即 11 月 8 日，11 万英美联军在艾森豪威尔的指挥下开始实施在"法属北非"登陆作战的"火炬"计划。这次史无前例的大规模两栖作战共用各种船只 800 余艘，分别在卡萨布兰卡、奥兰和阿尔及尔同时登陆。维希政府驻北非的法军 20 万人进行了有限抵抗，3 天后正在阿尔及尔的维希政府代表、法国海军总司令达尔朗上将便签署了停战协定，法军纷纷倒戈。于是盟军顺利向东横穿整个摩洛哥和阿尔及利亚，直指突尼斯，与蒙哥马利向西追击隆美尔的英军遥相呼应。

　　正在为苏军在斯大林格勒的顽强抵抗和隆美尔的惨败而恼怒的希特勒又为英美在北非的登陆和迅速前进所震惊，急忙从欧洲南部调集

| 1943 年 1 月，卡萨布兰卡会议期间，美、英、法三国领导人合影

约 25 万人向突尼斯增援，企图扼守北非，把盟军长期牵制于此，阻碍在欧洲开辟第二战场。另外他以达尔朗的行动为借口，出兵占领了法国全境。虽然他还想乘机占领土伦并夺取法国舰队，但未如愿以偿，军舰被法军自行凿沉。

德意联军在突尼斯的增援使盟军的进攻一度受挫，但他们也无力继续扩大战果。1943 年初罗斯福和丘吉尔在卡萨布兰卡再次秘密会晤，戴高乐将军也首次登上国际政治舞台。会议决定由艾森豪威尔统帅北非战局，其任务是完成盟军在北非的战事，然后从西西里重返欧洲。

1943 年 3 月 19 日美英联军向东攻陷突尼斯的盖塔尔，30 日蒙哥马利的第 8 集团军向西突破突尼斯东部的马雷特防线，两路盟军会师，钳子已在突尼斯越收越紧。德意联军已处于前有大海，后有追兵，即将弹尽粮绝的走投无路之境地，虽可负隅顽抗一阵，但终是败局已定。隆美尔无力扭转局势，逃之夭夭。5 月 7 日盟军同时攻入突尼斯城和比塞大（今宾泽特）港，5 月 13 日轴心国部队举起了白旗。至此历时两年零十个月的北非战事终于结束。据估计，轴心国在非洲战役中损失 95 万人，飞机 8000 架，船舶 240 万吨，它在地中海战场上大部分有战斗经验的部队被消灭殆尽。

盟军在北非的胜利，彻底扭转了北非和地中海的战局，它不仅使中东地中海的航道从此畅通，而且把意大利暴露在极易受攻击的地位，下一步将是盟军通过西西里岛重返欧洲，墨索里尼的垮台已为期不远。

7 月 10 日代号"哈斯基"的西西里登陆行动开始实施，15 万英美加法联军在艾森豪威尔和亚历山大指挥下，使用约 3000 艘船只，在 1000 架飞机掩护下分别在西西里岛的两个地点登陆，蒙哥马利的英第 8 集团军在东南角，目标直指墨西拿：巴顿的美第 7 集团军在南部，目标巴勒莫。盟军出奇制胜，意大利守军根本不想打仗，防线很快崩溃，只剩下德国人进行了一阵抵抗后撤回意大利半岛。7 月 24 日美军占领巴勒莫，8 月 17 日进入墨西拿，英军也随即开了进来，盟军占领全岛。

就在西西里岛首府巴勒莫陷落的第二天，在罗马发生了推翻墨索里尼的政变。在墨索里尼的女婿、外长齐亚诺参与下，部分法西斯头目和高级将领支持国王，囚禁了墨索里尼。"领袖"就这样不光彩的下了台，长达 21 年在意大利的法西斯统治终得结束。由巴多里奥组成的新政府开始与英美秘密谈判，但由于在是否"无条件投降"问题上双方讨价还价，直到 9 月 3 日意大利政府才签字投降。此时盟军先头部队开始在意大利半岛登陆。

但是希特勒在政变当天便派隆美尔在阿尔卑斯山集结部队，做好进军意大利的准备。9 月初，隆美尔所率 8 个师已进入意大利北部边界。9 月 8 日意大利投降文告在盟军更大的登陆行动前宣布，德军迅即于 10 日占领了罗马和意大利北部地区，并于 12 日用飞机救走了囚禁于大萨索山顶旅馆中的墨索里尼。"领袖"死而复生，随后便在北部成立"意大利社会共和国"傀儡政府，与德军共同对付意共领导的抵抗运动。逃往南方盟军占领区的国王和巴多里奥于 10 月 13 日对德宣战。

意大利的倒戈使轴心国解体，此乃反法西斯联盟的一大胜利。但意大利半岛的和平并未到来。由于开辟欧洲第二战场的需要，意大利战场的任务是更多牵制德军，因此这里便成了盟军与德军之间、抵抗运动与法西斯残余之间激烈斗争的地区。直到 1945 年 5 月，意大利全境才得以解放。

三、珊瑚海、中途岛和瓜岛之战

日军偷袭珍珠港的当天，同时对中太平洋和东南亚发起进攻，在不到 4 个月的时间里，先后占领了关岛、威克岛、吉尔伯特群岛、泰国（以所谓"同盟条约"的形式）、中国香港、马来亚、菲律宾、荷属东印度群岛、缅甸，以及太平洋中的一些小岛，达到了日军计划中的全部目的，即建立所谓的"大东亚共荣圈"。

日军在南方战场上的进军如此势如破竹轻易取胜，盟军在战斗中如此连遭败绩威信扫地，这不得不归咎于英美长期以来对日本的绥靖政策。然而当穷兵黩武的日本军队让太阳旗在如此广大的地区处处飘扬之时，也正是日军战线拉得太长就快要断裂之时，但骄狂的胜利者却看不到这一点，他们还要继续扩大战果，只是为"如何扩大"争论不休。4 月 18 日美军 16 架 B25 型轰炸机对东京、横滨、名古屋和神户等城市的轰炸，使日本举国震惊，军方的争论也有了结果：要向西南太平洋和中太平洋两个方向同时推进，摧毁美国舰队，扩大日本本土的"防御圈"，使轰炸日本本土之事不再发生，为此必须占领萨摩亚、斐济、新喀里多尼亚以及莫尔兹比港。

但是日本打算进一步夺取的地区正是美国要极力保护的地区。太平洋战场初期的失利，使美国在"先欧后亚"的战略总原则下重新部署太平洋上的军队。3 月 17 日原美国远东陆军总司令麦克阿瑟上将被任命为西南太平洋地区盟军总司令，统帅该地区的陆海空三军；4 月，美太平洋舰队司令尼米兹海军上将被任命为太平洋地区总司令（不包括西南太平洋）。尼米兹的任务虽是牵制性的，但他要守住阿留申群岛—夏威夷—中途岛—萨摩亚—斐济—新喀里多尼亚—莫尔兹比港—新几内亚一线，确保美国与澳大利亚的交通线。日美两国的战略如此针锋相对，冲突自然不可避免，而两国在西南太平洋的第一仗就发生在珊瑚海。

珊瑚海海战的直接起因是日军企图夺取新几内亚东南部的澳大利亚海空军基地莫尔兹比港，其目的在于确保已在日军之手的新不列颠岛的良港腊包尔的安全，并为以后进攻新喀里多尼亚、斐济和萨摩亚打下基础，珊瑚海则是从腊包尔到莫尔兹比的必经之路。1942 年 4 月 18 日，日军大本营决定于 5 月 10 日前后坚决攻占莫尔兹比。5 月 4 日运输船队满载准备登陆的士兵，在轻航空母舰"祥凤"号和巡洋舰队护送下从腊包尔向珊瑚海驶去。为保证船队在盟国空军威力圈之内安全横穿 3 昼夜，日军还以最新航空母舰"瑞鹤"号和"翔鹤"号为主力的特遣舰队紧随其后担任掩护。但日军的行动计划已为美军知晓，尼米兹立即把航空母舰"列克星敦"号和"约克敦"号派往该水域，搜寻日舰以便进攻。5 月 6 日敌对舰群曾一度仅相距 70 英里，却戏剧性地擦肩而过，互未接触。

1942 年 5 月 7 日，日本搜索飞机报称发现美军航空母舰和巡洋舰各一艘，日机立即从舰上起飞全力轰炸，但当战斗轻松结束时，才发现不过是一艘油船和一艘驱逐舰。与此同时，美机也出现同样侦察错误，但在阴差阳错之中却击沉日军"祥凤"号航空母舰，迫使日军不得不推迟对莫尔兹比的登陆。第二天，双方的索敌机几乎同时发现了对方的目标，于是战争史上第一次完全由舰载机攻击对方船只的海战拉开战幕。双方大致出动数目相同的舰载飞机（日方 121 架，美方 122 架），在两支舰队未曾相见之前就开始了空中交锋，互炸对方战舰。其结果是美舰"列克星敦"号中弹爆炸葬身海底，"约克敦"号仅中一弹立即撤出战斗。日方"翔鹤"号亦遭重创。

珊瑚海之战，双方损失相当，但美国从此挫败日军占领莫尔兹比港的战略目标，阻止了日军对澳大利亚的进攻。日军虽出师不利，却并未罢手，它还要在中途岛再来一次规模更大的海空大战。

日本进攻美海空军基地中途岛的计划是在日美珊瑚海交火之前的 5 月 5 日决定的，因为气焰嚣张、踌躇满志的山本五十六决心消灭美国舰队。山本手中的王牌是他在数量上占优势的海军，他要把整个联合舰队，包括 8 艘航空母舰的总计约 200 艘军舰全部投入战斗，外加 600 多架飞机助战。与此相比，尼米兹当时只能凑集包括 3 艘航空母舰在内的 76 艘军舰。看来山本是胜券在握了。

然而美军情报部门已破译了山本的五位数密码，使尼米兹了解了日本的全部计划，于是他决定暂时放弃日本佯攻目标阿留申群岛，把 3 艘航母和 223 架飞机停泊于日军准备偷袭的中途岛东北，这样既不易被日军发现，又可以在侧翼攻击日本舰队。

5 月 27 日——为纪念日本海军在日俄战争中大败沙俄海军而定下的海军纪念日，进攻中途岛的作战开始实施，南云中将麾下的 4 艘航空母舰从濑户内海启航，向中途岛方向驶去。6 月 3 日到达距该岛以西 600 英里处。山本和南云根本没有想到，在中途岛东北 350 英里处，美舰已进入阵地。

6 月 4 日凌晨，南云派出 108 架飞机去轰炸中途岛，企图一举

| 中途岛之战

把美军飞机全炸毁于此。然而在日机接近目标 30 英里之处，岛上的119 架美军飞机已腾空而起，去迎击敌机和逃避轰炸，于是日机偷袭不成。但前去轰炸日舰的美军飞机亦未命中目标，并被日机击沉多架。

美机对日舰的轰炸，使南云认为还需进一步摧毁中途岛的机场，加上返航回来的日机指挥官也认为对该岛要进行第二次轰炸，因此南云命令已装上鱼雷准备攻击美舰的第二批飞机卸下鱼雷，改装重磅炸弹。正当舰上人员又装又卸一片忙乱之时，南云又接到发现美舰的报告，于是又是一阵手忙脚乱：卸下炸弹装上鱼雷。当人们还未来得及把卸下的炸弹送走，飞机尚未起飞，美军轰炸机已呼啸而来，从天而降，俯冲而下，首先对准南云的旗舰"赤城"号开火，霎时火舌四处蔓延，爆炸声震耳欲聋，舰身被炸得东倒西歪，舰上飞机不是烧毁就是落入大海……呆若木鸡的南云不得不离开他心爱的旗舰。"加贺"号和"苍龙"号航母也遭同样命运。不久这三个煊赫一时的庞然大物便缓缓沉入太平洋之中，只有"飞龙"号因距离较远才免遭此难。它立即实施报复性进攻，派出飞机对"约克敦"号狂轰滥炸，使这艘在珊瑚海战中负伤而尚未完全复元、又在炸毁"苍龙"号中立下大功的航母遍体鳞伤，于7日早晨消失在大洋深处。但"飞龙"号的死期也将来临，在美机轮番轰炸下很快变成一片火海。6月5日凌晨该舰指挥官同"飞龙"号一同沉入海底。山本见败局已定，只得于5日清晨取消了占领中途岛的行动。

6月4日的中途岛之战是海军史上成败瞬息万变的一战，是美国海军以少胜多的一个战例。美军以1艘航母，1艘巡洋舰，140多架飞机的代价，换来日军损失了4艘航母，1艘巡洋舰，400多架飞机和大批一流飞行员的巨大胜利，使日军从此失去了在太平洋的战略主动权。中途岛之战成为太平洋战场上的战略转折点。

中途岛的惨败，并未制止日本在西南太平洋的进攻，他们仍然要占领莫尔兹比港，并要在所罗门群岛南部的瓜达尔卡纳尔岛修建基地，以阻碍美澳交通线。但瓜岛也是美军为遏制日军南下而必须控制的地方，因此当日军先发制人于7月初登上瓜岛并着手修建机场时，争夺该岛的战斗便不可避免了。

瓜达尔卡纳尔岛，长约90英里，宽25英里，北离腊包尔550英里，岛上是树木茂密的山岭，雨量极大，气候恶劣，有着五花八门的热带昆虫，不是个适宜打仗的地方。8月7日美军在南太平洋司令、海军中将罗伯特·戈姆利的指挥下，对瓜岛进行猛烈轰炸，然后海军陆战队开始登陆，8日即占领该岛。日军以为美军的行动不过是一次侦察性进攻，并不是反攻的开始，因此回击虽很迅速，但派来增援的部队并不多，以为夺回瓜岛轻而易举。但是没有想到一次次少量增援的部队又一次次被岛上的美军击败，使这场双方原来都想象的快速战争变成了一场真正的持久战，几乎与斯大林格勒保卫战同步进行。

日军在瓜岛一再受挫之后，才认识到美军并非侦察，而是要永占瓜岛。他们自然不肯罢休，遂开始用驱逐舰把陆军一批批运到岛上，这种运输被日军称为"鼠式运输"，因为主要是趁黑夜像老鼠那样行动，而美军则称之为"东京特快"。美军虽已准备在北非登陆，但仍尽最大可能增援该岛，于是从 10 月起，两国在岛上的兵力都保持在2 万—3 万之间。然而美军士兵在给养的不断供应下，一直坚守阵地，而日本经济此时已每况愈下，侵略战线的过长使他们无法维持对瓜岛日军的及时后勤供应，加上热带丛林病毒流行，日军死于疾病与饥饿者数以千计，因此终使夺回瓜岛的努力化为泡影。

瓜岛之战并非只是岛上争夺。由于两国的增兵和供给全要靠海上运输，因此海战时有发生。在持续半年的交战中，较大规模的海战有 6次，其中既有双方以空战为主的战斗，又有巨大战舰之间的直接交锋。在海战中，日美各有一艘航空母舰被击沉，日本联合舰队损失一半以上，飞机损失约 900 架。瓜岛一战，打断了日本联合舰队的脊梁骨。

1943 年 1 月 4 日，日军大本营不得不下达了从瓜岛撤退的"K号作战"命令，但双方战斗并未停止，直到 2 月 1 日，日军败将残兵才开始在 300 架飞机掩护下由 20 艘驱逐舰运送撤离该岛，在 7 天的撤退中共撤出约 1 万人。

历时半年的瓜岛争夺战，在日美双方各付出上万人的生命之后，日军终因力竭而败退。这是日本陆海军协同作战的第一次大败北，也是盟军在西南太平洋诸岛登陆作战的首次告捷。从此盟军在西南太平洋也掌握了战略主动权，盟军手握制空权和制海权，在太平洋上的反攻只是时间问题了。不过山本五十六并未看到他的联合舰队的彻底失败，1943 年 4 月 18 日他因其座机遭到美军伏击而身亡。

四、鏖战大西洋

大西洋是第二次世界大战的又一重要战场，在它浩瀚的洋面上忽起忽落的战事几乎与 6 年的大战齐头并进，因为德国人明白，只要切断这条大英帝国的海上命脉，帝国的大厦就会倾覆，英国的抵抗就难以支撑。因此德国在发动战争前便已做了与英国争夺大西洋制海权的准备。然而由于德国在大型水面舰只方面无法与英国抗衡，仅在潜艇方面与后者相差无几，所以在大西洋海战中，德国除了以分散使用大型水面舰只，以 1—2 艘战列舰或巡洋舰组成小编队，把商船改装成袭击舰与盟军正面交火实行破袭战之外，还展开潜艇战，在广阔的大西洋海域对英国航运实行"打了就跑"的战术。

1939 年 9 月 3 日，英法对德宣战。当天德国的早已进入大西洋的潜艇 U—30 号便初战告捷，击沉英邮轮"雅典娜"号，由此大西洋海战拉开序幕。9 月 19 日德潜艇 U—29 号又击沉英航空母舰"勇敢"号，使英国朝野震惊；10 月中旬德潜艇 U—47 号单艇驶入英海军斯卡帕湾基地，击沉战列舰"皇家橡树"号，而 U—47 号却安然无恙。除袭击战舰外，德国潜艇更攻击商船，仅 9 月一个月，被德潜艇击沉的盟国和中立国船只就有 41 艘，吨位达 15.4 万吨。尽管英国于 9 月 5 日便建立起护航制度，但损失仍然惨重。大西洋海战之初，英国就尝到了当年绥靖德国、愚蠢地允许纳粹发展潜艇的苦果。

为了更好地封锁破坏盟国交通线，德国还利用水面军舰不断骚扰攻击盟国运输船队，一度牵制了盟国海军很大一部分力量。从1939年10月起，盟国不得不派出大批战列舰、巡洋舰和航空母舰在辽阔的海面上搜索德舰，予以打击。这种打击取得的第一个重大成果便是英国攻击在南大西洋的德国袖珍战列舰"格拉夫·施佩海军上将"号，该舰受伤后被困于乌拉圭蒙得维的亚港。由于乌拉圭政府不允许它在港内维修并限期令其离港，该舰走投无路，被迫于12月自行凿沉。

1940年德国在欧陆的胜利使它的海上形势也为之一新：希特勒获得了离大西洋更近的大陆西海岸的海港和潜艇基地，英国则失去了法国这一保卫大西洋航道的得力伙伴。一时间英国的护航力量薄弱得不堪一击，而德国海军却咄咄逼人，准备控制大西洋航线。仅战略形势骤变的第一个月6月，德国潜艇便击沉英船58艘，吨位计28.4万吨。丘吉尔急呼罗斯福援助驱逐舰，直到达成"战舰换基地"的协定后，英国在大西洋的护航形势才得以改观。

但是1940年9月德国开始使用一种潜艇战新战术——"狼群战术"，即多艘潜艇结群协同作战，一旦发现盟国护航队，便由一艘潜艇搜索追击，并用无线电引导其余潜艇到场集合，抢占护航队上风，然后在水上连续数日夜袭，直到歼灭猎物为止。这种新战术初试锋芒便显示威力。9月21—22日夜，德5艘潜艇首次结群在北海攻击从加拿大驶往英国的HX—72护航运输队，击沉12艘货船；10月17—20日夜，8艘潜艇在同一水域再次袭击盟国护航队，击沉货船31艘；12月1—2日夜，又有10艘货船和1艘护航巡洋舰葬于7艘德国潜艇之手，而在这些攻击中德国潜艇无一损失。只是冬季到来大西洋风大浪险，加上英国护航力量的增强，以及美国扩大泛美安全巡逻区并

德国巨型战列舰"俾斯麦"号

把获悉的德国舰只地点通报英国，使英国多次击沉德王牌潜艇，才使"狼群"受到限制而一度收敛。

1941年春天，随着气温的回升，不仅"狼群"再度出现，而且德国大型水面舰只也再次活跃起来。刚过5月中旬，德国新造的航速最快的巨型战列舰"俾斯麦"号便随带新巡洋舰"欧根亲王"号驶入大西洋，以图扩大战果。5月24日晨光初现之时，即与出击拦截的英舰"胡德"号和"威尔士亲王"号遭遇，于是在间距仅14英里之处四舰同时开火。德国两舰集中对付虽为最大但最不堪一击的"胡德"号，使其爆炸起火，几分钟内便沉入海底，"威尔士亲王"号也中弹撤离战场。随后英国派出多艘舰只和飞机搜索追击已经受伤的"俾斯麦"号，终于在5月26日使其受到致命伤害，27日这艘坚固的钢铁之躯终于在鱼雷、重炮、炸弹的轰击下成为一团火焰，缓缓沉入波涛之中。"俾斯麦"号的沉没，标志着德国计划并努力用大型水面舰只赢得大西洋之战的战略的失败，从此潜艇成为盟国航运的主要威胁。

1941年12月美国参战后，德国即开始实行全面无限制潜艇战，在大西洋活动的潜艇平均每天75艘。1942年，盟国船只被击沉1160艘，总吨位达769.9万吨，超过了英美建造的新舰吨位。1943年3月，

上百艘德潜艇集中于北大西洋中部盟国护航兵力薄弱环节，其中 40
多艘集中攻击 2 支盟国运输队，击沉 21 艘盟国船只，而德方只损失
1 艘潜艇，这是"狼群战术"最成功的运用。从英国参战到 1943 年 4
月，盟国共损失约 1000 万吨船舰，其中 80％为潜艇击沉，德国则损
失 155 艘潜艇。

　　"狼群"的肆虐，不仅影响到 1942 年同盟国的一切战略计划，也
影响到对 1943 年的战略安排。为确保大西洋航路安全，1942 年夏天
盟国调整了大西洋护航体系，英国成立了以丘吉尔为首的反潜艇战委
员会，调集和投入 1000 多艘舰艇和 2000 多架飞机进行反潜艇作战，
并广泛使用护航航空母舰、新式雷达、高频投影仪及深水炸弹，将护
航由消极防御转为积极进攻。

▎1942 年，德军潜艇用鱼雷击沉盟军的军舰

盟国的战略调整在 1943 年 5 月终见成效。当月盟国以牺牲 5 艘船只的代价，击沉 31 艘德国潜艇，使大西洋潜艇战出现了根本转折，"狼群"不得不暂停在北大西洋的活动。9—10 月，"狼群"虽再度出现但又遭惨败。至此潜艇战实际已降帷幕。直到大战胜利，继续在大西洋上忽隐忽现的德国潜艇不过是为牵制盟军而进行的垂死挣扎罢了。大西洋的战局出现了根本转折。

五、中国战场局部反攻

作为世界反法西斯战争的东方主战场，中国人民抗日战争进入相持阶段后，日军曾先后发动了两次长沙会战，企图占领长沙，均未得逞。太平洋战争爆发后，国民政府军事委员会命令各战区对日军发起进攻，牵制日军，策应英美友邦作战。中国第 9 战区总结了第二次长沙会战的经验教训，制定了诱敌深入、将敌人围而歼之的后退决战方针。1941 年 12 月 23 日，日军调集 10 余万兵力，对长沙发动第三次进攻，扬言要到长沙过新年。中国军队以重兵防御，拼死抵抗。在长沙城下，中国军队与日军鏖战肉搏，反复争夺阵地。在长沙南门外的修械所高地，双方军队进行了 11 次拉锯战，阵地多次易手，尸横遍野，战况惨烈。中国军队奋勇阻击三路增援的日军，致使其弹尽粮绝、伤亡惨重，被迫突围撤退。中国军队对撤退之日军穷追不舍，使日军无法逃脱，战果进一步扩大，毙伤日军 5 万余人，取得了长沙会战的大捷。就连后来日本的战史也承认，这次战役的"作战始终是在极为困难的情况下进行的"，"动摇了一部分官兵的必胜信念"。

　　第三次长沙会战是在美、英于太平洋战场接连失利、日军节节胜利的形势下进行的。中国取得的这次胜利，在国内外产生了相当积极的影响。英国《泰晤士报》发表评论："12 月 7 日以来，同盟军唯一决定性之胜利系华军之长沙大捷"。伦敦《每日电讯报》认为："际此远东阴雾密布中，惟长沙上空之云彩确见光辉夺目"。美国陆军参谋长马歇尔和海军部长诺克斯或来电祝贺，或发表告中国人民书，指出这是所有同盟国家的共同胜利。

　　1942 年 2 月，中国组编的远征军总兵力约 10 万人，应英国方面要求，紧急进入缅甸援助英军对日作战。在仁安羌油田的战斗中，中国远征军新编第 38 师师长孙立人指挥一个团，与数倍于己的日军展开血战，经反复厮杀，击溃日军，将油田全部收复，救出被围数日的英军 7000 余人，汽车 100 余辆，战马 1000 余匹，以及被俘的英军、美国传教士、新闻记者等 500 余人。战绩轰动英伦诸岛，受到盟国赞

中国远征军在缅甸对日作战

滇缅公路

誉。中国远征军第200师在师长戴安澜将军指挥下，作为先头部队赴缅作战，在5月的战斗中，戴安澜将军身负重伤，在缅北茅邦村壮烈殉国。后来毛泽东赠其挽词："外侮需人御，将军赋采薇。师称机械化，勇夺虎罴威。浴血东瓜守，驱倭棠吉归。沙场竟殒命，壮志也无违。"以后，中国远征军改编为中国驻印军，撤回国内的远征军接受了美国的装备和训练，战斗力得到加强。

到1943年底，日本侵华兵力已经严重不足，战争日益陷入被动。在国际上，日本法西斯的处境也越来越困难，中国抗战开始了局部反攻。从1943年10月开始，中国驻印军反攻缅北、滇西，先后攻克了孟拱、密支那、八莫等战略要地，打通了滇缅公路。中国远征军则强渡怒江，对日军发起反攻，攻克多地。

同年11月，日军以10万余人的兵力发动常德会战，中国军队以20万人迎战，迟滞了日军的进攻，并以反攻恢复了双方原有的态势，给日军以相当大的损耗，部分破坏了其南下的作战意图，在战略上配合了敌后战场的反"扫荡"斗争。

在敌后战场，中国共产党一面继续实行对敌斗争、精兵简政、减租减息等各项政策，开展整风和大生产运动以求生存、图发展；一面进行主力军、地方军和民兵相结合的人民武装斗争，牵制抗击了侵华日军50%以上的兵力。1943年，敌后战场开始转入对日反攻。八路军和新四军分别进行对敌作战24800余次和5300余次，分别毙伤日伪军136000余人和66000余人。敌后战场的形势出现了明显转折，军事、政治、经济力量全面增强。与此同时，敌后战场将斗争焦点逐渐引向敌占区，主动进攻的作战愈来愈占有重要地位。从1943年春夏开始，与抗日根据地军民数年较量遭到失败的日军，再也找不到出路了。从1943年秋开始，日军在敌后战场特别是在华北敌后战场，逐渐失去了战场的主动权。日军在华北进行的秋季"扫荡"，成为强弩之末，以失败告终后，日军在华北除局部地区外，已无力再进行大规模"扫荡"。敌后抗日根据地军民粉碎了日伪军的"扫荡""清剿""蚕食"，进入了恢复和再发展的新阶段，使日军以主力进行的保守占领区的战略彻底破产。中国共产党领导的敌后军民，经过多年艰苦卓绝的斗争，度过严重困难时期，在若干地区逐渐占有优势。

在敌后战场，还有一支重要的抗日力量，那就是全国各地纷纷奔赴延安的知识青年，在共产党的领导下参加抗日斗争。一时间，延安，这个中共中央所在地，成为令人向往的革命圣地和胜利的灯塔。在这些青年中，既有工人和农民的子弟，也有地主和资本家的儿女；既有文学家、音乐家、戏剧家和电影明星，也有新闻记者、医生、律师、军官和教师，而更多的是青年学生。有青年学生写下这样的诗句，以表达他们奔赴延安的坚定信念："割掉皮肉还有筋，打断骨头还有心。只要还有一口气，爬也爬到延安城。"他们在延安进入中国共产党设立的各种学校，如中国人民抗日军政大学、陕北公学、中国女子大学、鲁迅艺术学院等，接受革命教育后，绝大多数奔赴各个抗日根据地，成为抗日救国的骨干力量。

在中国的抗战中，还有两支特殊的部队，一支是苏联空军志愿队，即由苏联飞行员组成的志愿援华空军部队。这支部队于1937年10月成立并陆续来华，由沙诺夫将军率领，装备飞机1000多架。苏联空军志愿队在华期间，积极配合中国军队对日作战，先后参加了南京、武汉保卫战，他们迎战敌机，保卫后方；积极配合陆军作战；他们深入敌后，攻击日军占领区的军事目标，甚至从奔袭日军后方及日本本土，予日军以重创，在一定程度上弥补了当时中国空军力量的不足。他们还帮助中国训练空军作战人员。据统计，到1939年2月中旬，来中国参加对日作战的苏联空军志愿队员达2000余人，在中国的牺牲者达200多人。今天，镌刻在南京抗日航空烈士纪念馆英烈碑上的苏联飞行员共有236位。他们为中国人民的抗战事业献出了宝贵的生命。1941年6月苏德战争爆发后，苏联志愿队员陆续返回苏联。

另一支是美国飞行教官克莱尔·李·陈纳德创办的、由美国飞行员组成的"中国空军美国志愿援华航空队"，也就是著名的"飞虎队"。"飞虎队"于1941年8月正式成立，他们的飞机头部全部喷涂了鲨鱼头。由于鲨鱼在日本传说中被认为是可怕的象征，所以美国人用龇牙咧嘴的"鲨鱼头"图案作为战机的专用图案，用于威慑日军。中国民众则将这个鲨鱼头称之为"飞老虎"，"飞虎队"（Flying Tigers）从此得名。飞虎队在中国、缅甸、印度支那等地，帮助中国保卫滇缅公路的运输线，在怒江阻击日寇的进攻……到1942年7月，在其组建后的7个月战斗中，他们以损失26名飞行员，空中损失12架飞机、地面被炸毁 61 架飞机的代价，取得击落日机约 150 架、摧毁日机 297 架的战绩。后来志愿队解散，飞虎队归并美国陆军航空兵第 23 大队，与派驻中国的第 16 战斗机中队组成驻华特遣队，后编为美国陆军第 14 航空队，陈纳德升为少将司令，继续帮助中国抗战。他们除了协助中国组建空军外，还协助开辟了从印度运送物资到中国、突破日本封锁的"驼峰航线"。该航线全长 800 多公里，飞越喜马拉雅山，沿线山地海拔 4500—5500 米，最高海拔 7000 米，飞机时而穿越山峰、时而飞过峡谷，路线起伏，犹如驼峰，故此得名。据不完全统计，在这条危险异常的航线上，中美双方在三年多的时间里，共向中国战场运送了约 70 万吨紧急物资，人员约 3.3 万人，航空队共损失飞机 560 余架，牺牲 1500 多名飞行员，还有大量机组人员失踪。他们的青春和生命，留在了对日寇作战的长空和大地上，永垂不朽！陈纳德曾对美国志愿航空队做出如下总结："志愿队这支队伍，在 50 多次空战中，打击了日本的空中力量，无一次失利。"2023 年 9 月 12 日，国家主席习近平复信美中航空遗产基金会主席格林和飞虎队老兵莫耶、麦克马伦，强调："中美两国人民在抗击日本法西斯的斗争中同仇敌忾，经受了血与火的考验，结下了深厚友谊。"11 月 15 日，习近平再次指出："第二次世界大战时期，

| 中国军人正在守卫"飞虎队"战斗机

两国共同为和平和正义而战。中国人民没有忘记飞虎队，美国人民也没有忘记殊死营救美国军人的中国人民。"

另外，从1938年2月至1943年8月，日本对中国国民政府战时首都重庆进行了长达5年半的大轰炸。据不完全统计，5年中，日军共出动9500多架次飞机，对重庆轰炸218次，投弹20000枚以上，约30所大中学校曾遭轰炸，超过3万多栋房屋被摧毁，大部分繁华市区被破坏，炸死炸伤平民25000人以上。这是继德国在1937年4月西班牙内战中对格尔尼卡平民实施轰炸之后的又一次大规模的战略轰炸，日本飞机创造了其有史以来空中大屠杀的最黑暗的记录！但是日方原本希望依靠这种威慑性轰炸促使中国军民投降的企图却并未得逞。1943年8月以后，随着反法西斯盟国在各个战线的战略反攻，日本再无力轰炸重庆。作为盟国方面的报复行动，1944年以后，从中国成都新津机场起飞的美国B—29轰炸机开始轰炸日本本土，使几近毁灭的日本为发动这场侵略战争付出了更为沉重的代价。

六、中国废除不平等条约

随着太平洋战争的爆发，美英等国终于承认了中国战略地位的重要性。为了使中国坚持对日本的有效作战，1942年2月7日美国众参两院通过了援华贷款5亿美元，扩大了对华援助的规模。罗斯福在将此事告知蒋介石的电报中写道："此案之获得国会异常迅速和一致的通过以及全美国的热烈支持，足以证明我国政府与人民对于中国的衷诚敬佩。……中国军队对于残忍侵略者的英勇抵抗，唤起了美国人民和一切爱好自由的人民的最崇高的赞扬。中国武装与非武装人民在将近五年里实行坚决的抵抗以反对在装备上远为优秀的敌人，他们面对巨大的差异所表现出来的不屈不挠的精神，使其他联合国家的战斗人员与人民全都受到激励。"

为了进一步争取中国，加强在太平洋战场反击日本的力量，美、英两国特别是美国，在废除对华不平等条约问题上的态度逐渐积极起来。正如当时的驻英大使顾维钧在其回忆录中谈及此事，认为珍珠港事件以后，美、英两国为了再次表明对华友好，希望中国坚持抗战，不投降，不同日本媾和，因此提出了终止在华治外法权，同时缔结新约，把中国法院根据中国法律审理各该国籍公民的权利交还中国。而此时的国民政府也及时抓住这一历史机遇，决心解决这个问题。

1942 年春天，中国社会掀起了要求立即废除不平等条约的热潮。4 月 23 日，正在美国访问的宋美龄的文章《如是我观》发表在《纽约时报》上，该文谴责西方国家在华领事裁判权等特权，呼吁有关各国尽早予以废除。这篇文章在美国社会引起强烈反响，民众、报刊、国会都在讨论是否放弃美国在华领事裁判权的问题，而美国国务院就此问题的讨论也基本有了结果，主张立即废约的意见被接受。另一方面，日军占领上海后，美、英等国在公共租界的治外法权已经名存实亡，这也是当时的实际情况。

在此形势下，美国开始与英国磋商是否考虑在战时废约的问题。10 月 4 日，蒋介石对来华访问的美国共和党领袖温德尔·威尔基正式提出废除不平等条约要求，他指出："中国今日尚未能取得国际上平等之地位，故深盼美国民众能了解中国，欲其援助被压迫民族争取平等，应先使其本身获得平等地位始"。这时美、英就立即废约问题也达成了共识。10 月 9 日，美、英两国同时通知中国驻美、驻英使节：两国准备立即与中国政府谈判废约问题，不过他们并不想完全解决这个问题，而是都准备把所放弃的特权范围限定在"治外法权和相关的权利方面"。但是中国政府认为这是不够的，蒋介石向美英提出：除了"领事裁判权以外，尚有其他同样之特权，如租界及驻兵与内河航行、关税协定等权，应务望同时取消，才得名实相符也"。他还指示当时中国的外交部长宋子文，希望在谈判中"将过去所有各种不平等条约一律作废，整个撤消，重订平等合作之新约"。另外，日本为了拉拢汪伪政权继续依附于自己，于 1943 年 1 月 9 日与其签订盟约，故作姿态地"交还"租界并撤废治外法权。这也迫使英、美加快了与国民政府签订新约的速度。

　　1943 年 1 月 11 日，中美、中英分别在华盛顿和重庆签订《中美关于取消美国在华治外法权及处理有关问题之条约与换文》（简称《中美新约》）和《中英关于取消英国在华治外法权及其有关特权条约与换文》（简称《中英新约》）。新约的谈判过程，既有争论，也有共识，签约基本顺利。新约宣布取消美英两国在中国的治外法权及有关特权；取消 1901 年签订的《辛丑条约》，终止该条约及其附件给予两国的一切权利；两国放弃在北平使馆界、上海和厦门公共租界所享有的权利，并协助中国政府收回这些地区的行政管理权和官方资产；取消两国在通商口岸的特别法庭权，在上海和厦门公共租界的特区法院制度，在中国领土内各口岸雇用外籍引水人的权利，两国船舶在中国领水内沿海贸易与内河航行的权利，两国军舰驶入中国领水的权利等项特权；英国交还天津和广州的租界，放弃英籍海关总税务司权；等等。

在美英的影响下，其他在华享有特权的国家也相继宣布放弃在华特权，与中国签订新约。尽管中美、中英新约并不完美，例如英国就拒绝交还香港和九龙，美国后来又变相得到许多特权，但是应当承认，这些新约的签订，贯彻了《大西洋宪章》的精神，标志着在法理上结束了西方列强在中国享有的百年特权，雪洗了中国人民的百年耻辱，使中国从此摆脱了半殖民地的地位，获得了国家的独立，成为国际社会中的平等一员。

总之，到 1943 年中期，大西洋战局的根本转折，与太平洋的中途岛之战、北非的阿拉曼之战、苏德战场的斯大林格勒战役及中国抗战的局部反攻一起，使战争局势更为明朗，盟国在全球各条战线已掌握了战略主动权。盟国在做出新的战略决定之后，将开始 1944 年的大反攻。

七、开罗宣言和德黑兰会议——重要的战略决定

1943 年反法西斯战争捷报频传，德、日法西斯的覆灭已为期不远。1943 年 10 月 30 日，中、苏、美、英四国在莫斯科签署《普遍安全宣言》，中国终于加入了大国行列，成为反法西斯的四大国即"四强"之一。在这战略形势发生有利于盟国的根本转变的关键时刻，美英苏三国决定举行战时的首次政府首脑会晤，商讨尽快结束战争和战后安排问题。

但是三大国的打算并不完全相同。斯大林最关心英美在欧洲开辟第二战场问题；丘吉尔则已开始担心苏联的野心；罗斯福不但要争取

使苏联早日参加对日作战，以减少美国人的生命损失，缩短战争时间，而且希望斯大林能同意他关于战后世界安排的一些设想。就连会址的选择也经过了一番周折，斯大林坚持他要亲自指挥战争而不能离开苏联，罗斯福却不愿跑到苏联去开会，最后只能同意斯大林提出的折中建议——德黑兰。

鉴于中国抗战对太平洋战场的重要作用，这一次，罗斯福打算让中国政府首脑蒋介石出席会议，不料遭到斯大林的坚决拒绝，理由是苏联并未与日本开战，不能和中国首脑一起开会。因此罗斯福和丘吉尔就在去德黑兰的途中，于 1943 年 11 月 22 日到 26 日先与蒋介石在开罗举行美英中首脑会议，讨论三国对日作战问题。在罗斯福与蒋介石的单独会谈中，罗斯福表示中国应取得四强之一的地位，战后平等参加四强机构，参与制定该机构的一切决定。罗斯福的这番表示，再次说明了中国人民经过 12 年艰苦抗战流血牺牲，终于赢得了反法西斯四大国之一的政治地位。

开罗会议通过了《中美英三国开罗宣言》，在征求了斯大林的意见后于 12 月 1 日公布于世。它宣布中美英三大盟国进行对日战争的目的在于制止和惩罚日本侵略；剥夺日本自 1914 年第一次世界大战开始以来侵占的一切领土；将中国东北、台湾、澎湖列岛等归还中国；严正指出日本亦将被逐出其以武力或贪欲所攫取之土地；使朝鲜独立；坚持日本无条件投降。中国人民收复包括钓鱼岛在内的领土的神圣权利，终于在国际法的层面，得到了国际公认。"二战"后，《开罗宣言》成为处理日本问题的重要国际法依据，台湾的附属岛屿钓鱼岛也要归还中国。

1943 年，在这反法西斯的第二次世界大战发生根本转折的一年，中国人民的英勇斗争不可否认地成为推动德意日法西斯走向崩溃的重要力量。

开罗会议之后，罗斯福和丘吉尔前往德黑兰，在三国外长已举行的预备会议基础上，于 11 月 28 日到 12 月 1 日与斯大林会晤。他们之间的彼此问候可称得上亲切又友好，但在讨论实质问题时却少不了唇枪舌剑。斯大林一心想证实两个西方盟国是否会贯彻他们在 8 月魁北克会议上已通过的 1944 年 5 月 1 日在法国登陆进攻德国心脏的"霸王"计划，于是在会上态度坚决语言强硬，紧紧抓住"霸王"不放，非要丘吉尔和罗斯福对此做出保证。丘吉尔担心苏联会乘胜控制巴尔干并南下地中海，因此重新坚持他的"地中海战略"，主张从这个"欧洲柔软的下腹部"发动进攻，这遭到斯大林的坚决反对。罗斯福虽深

| 1943 年德黑兰会议上的斯大林、罗斯福和丘吉尔（左起）

知丘吉尔的用意，但为了加速对德战争的胜利，并使美军尽快开往柏林，占领德国，以免苏联在欧洲势力膨胀，确立战后美国在欧洲的主导地位，因此最终表示支持斯大林的主张。丘吉尔为了与罗斯福保持一致，也只好不再反对。因此德黑兰会议做出了它的最重要的历史决定——1944 年 5 月英美将实施"霸王"行动，在法国北部登陆，开辟欧洲的第二战场。斯大林则答应在东线同时发动攻势。这项重要的军事战略的最终确定将使战争在以后一年半之内取得全面胜利。

在会谈中，罗斯福念念不忘他的战后世界安排。他提议建立一个"维护世界和平与安全"的国际组织，它将包括成员国会议、执行委员会和美英苏中组成的"四强"机构等三个层次。丘吉尔从维护大英帝国利益出发希望建立区域性组织，但斯大林支持罗斯福，不过要求加强"四强"权力，以防止德、日东山再起。

此外，三国还就波兰问题、战后处置德国问题和苏联参加对日作战问题进行了讨论，其间不乏争论，也未做出最后决定。但是消灭法西斯是三大国最终求同存异达成协议的基本前提，因此在会后发表的《德黑兰宣言》中，他们庄严宣布，他们将在对德作战中一致行动并在战后继续合作。

《开罗宣言》和德黑兰会议，对维护、巩固反法西斯大同盟的团结，加速战争的胜利起了重大作用。随着 1944 年新年钟声的敲响，盟国的大反攻终于开始了！

第 六 章

盟国大反攻（1944 年）

一、苏军全线连续出击

经过 1943 年夏秋季的进攻性战役，苏军已收复沦陷领土的 2/3，取得对德国的战略优势。它的作战经验更加丰富，指挥艺术更为成熟，兵器装备威力更大，军队士气更为高涨。1944 年将是全线大规模追歼敌军，解放苏联全境的时候了。

凭着大大优势于敌的兵力，工业生产的恢复和英美援助物资源源不断的供应，1944 年苏军一改上一年间歇进攻状态，在从伦巴支海到黑海的几千公里战线上，集中兵力主动选择出击地点，从一个地区到另一个地区连续不断实施相互联系的大规模进攻，使德军难以辨认苏军主攻方向，顾此失彼，疲于奔命，无法喘息，唯有不断溃退。这一年苏军共实施了十次重大战略性进攻，史称斯大林式的"十大打击"。在这些攻击中，苏军的主要战术是采用钳形攻势，首先突破德军比较脆弱的两翼，然后包抄围歼中路主力，继而全线推进。

1944 年 1 月，苏军在战线北端实施第一次打击。德军在苏军南北夹击下全线后撤到波罗的海沿岸，希特勒的"北方堡垒"彻底崩溃。1 月 27 日，艰苦奋战 900 天的英雄之城列宁格勒在 20 响礼炮声中胜利解围。

第一次打击尚未结束，苏军又在第聂伯河发动规模更大的第二次打击，他们向西推进 400 公里，解放了第聂伯河西岸的乌克兰地区，进抵到苏联与罗马尼亚国境线普鲁特河。紧接这次胜利的是苏军在克里米亚实施的第三次打击，苏军陆海空军协同作战，希特勒不得后撤的命令只能给德军造成更大灾难。苏军相继解放敖德萨，收复塞瓦斯托波尔，终于在 1944 年 5 月把敌人赶出克里米亚半岛。

经过上述三大打击，苏军已解放了3/4以上的被占国土，有些地方甚至到达或越过边境。5月1日最高统帅斯大林发布命令，指出苏军的任务不能只限于把敌军驱逐出苏联国境，"必须跟踪这支受了伤的德国野兽，并把它打死在自己的洞穴里"，同时要解放波兰、捷克斯洛伐克以及处于德国铁蹄之下的西欧人民。在这一命令指导下，苏军借助英美已在诺曼底登陆、希特勒终于完全陷入两线作战的有利时机，发动了新的攻势。

被称为第四次打击的是1944年6月10日到6月底苏军对芬兰展开的强大攻势，将芬兰军队赶回1940年苏芬划定的边界以西，迫使芬兰当局停战求和。

在苏芬战役进行的过程中，苏军于6月23日发动最著名的第5次打击，即白俄罗斯战役。此时盟军不仅在诺曼底站稳了脚跟，在意大利战场也进展顺利，德军四面受敌，为苏军发动这场攻势提供了有利条件。苏军投入140万兵力和14万游击队配合作战，从几处同时发动进攻，德军统帅部在慌乱中判断错误，把预备队中的80%的坦克和机械化师集中于苏联南部，造成中路空虚，使攻势凌厉的苏军能够于7月3日长驱直入明斯克，并乘胜向东普鲁士推进。与此同时苏军于7月24日攻入卢布林，26日进抵维斯瓦河，第5次打击胜利结束。

为从战略上配合与支援白俄罗斯战役，7月中旬苏军发动第6次打击，进击西乌克兰。27日苏军收复利沃夫和布列斯特—立托夫斯克，解放了西乌克兰，并强渡维斯瓦河，逼近喀尔巴阡山和捷克斯洛伐克边境。

8月中旬开始了针对罗马尼亚战线的第7次打击。23日罗马尼亚人民在罗共领导下武装起义，推翻安东尼斯库法西斯政权，建立新政府，立即宣布与同盟国媾和并向德国开战。30 日苏军占领重要石油工业城市普洛耶什蒂，切断了德军最重要的汽油供应。31 日布加勒斯特获得解放。与此同时，苏军进逼保加利亚边境，迫使保加利亚退出战争。9 月底，保加利亚人民在苏军协助下解放全国。

苏军乘胜前进，于 9—12 月连续进行三次打击。第 8 次，把德军赶出整个爱沙尼亚和大部分拉脱维亚领土，并使芬兰对德宣战。第 9 次，苏军进入匈牙利大平原，包围首都布达佩斯，并进入捷克斯洛伐克和南斯拉夫，与铁托的游击队会师，11 月 10 日解放首都贝尔格莱德。第 10 次再击芬兰，并把德军打到挪威境内。

1944 年苏德战场的大反攻，共歼敌 138 个师 160 万人，击毁或缴获坦克 6700 辆，飞机 1.2 万架，大炮 2.8 万门，收复了几乎全部国土，并协同各国反法西斯武装力量，把德军驱出部分东欧国家，为最后打败纳粹德国奠定了坚实基础。

二、解放意大利

与 1944 年初的苏德战场相比，盟军在意大利战场却一直裹足不前。一方面，德军修筑了坚固的"古斯塔夫防线"，它西起距罗马以南 80 公里，距那不勒斯以北 40 公里的西海岸，向东穿越亚平宁山脉直到东海岸，横断整个半岛，以卡西诺隧道为核心，借助山峰天险，阻止盟军进一步向北深入；另一方面，由于德黑兰会议和随后召开的第二次开罗会议最终决定于 1944 年 5 月开辟第二战场，并任命艾森豪威尔为盟军西北欧远征军最高统帅，蒙哥马利为盟军登陆部队总指挥，因此他们先后离开地中海战场，并带走了优秀将领巴顿、泰德等人，使该战场的指挥颇受影响。显然1944年的意大利战场已处于次要地位。

但是盟军在意大利战场希望有所作为。1944年1月17日，盟军对"古斯塔夫防线"组织猛攻，但出师不利。尽管飞机把著名的山顶建筑卡西诺修道院炸成一片瓦砾，以期消灭德军观察哨，但无济于事。德军在山峰的高处依山掘壕，甚至利用修道院的废墟作掩护，顽固抵抗，使盟军终不能突破防线。与此同时，22日在罗马南部小镇安齐奥登陆的盟军在出奇制胜之后也被困于滩头阵地，动弹不得，使最初打算从北面帮助进攻"古斯塔夫防线"的盟军突破该防线的希望落了空，整个冬季，战事毫无进展。

但是春天，战局开始扭转。"霸王行动"进入紧张准备阶段，盟军在意大利的任务，是迫使敌人在盟军发动渡海攻势时在意大利保持最大数量的部队。经过近两个月的休整，由美、英、加、法、波等国部队组成的联军于5月11日午夜对"古斯塔夫防线"发动了全面进攻。在一阵大炮密集轰击之后，担任主攻的波兰军队打得英勇顽强，在付出巨大牺牲后终于进入修道院废墟；法军当中的一支、在山地成长的骁勇善战的摩洛哥原住民骑兵部队翻山越岭，冲上海拔4850英尺的山峰，绕到敌人背后发动猛攻，迫使敌军后撤。接着困于安齐奥滩头的盟军也发起进攻，德军"古斯塔夫防线"开始全线崩溃，只得向北退守"哥特防线"。1944年6月4日，盟军开进罗马。罗马是欧洲大陆上第一个从纳粹统治下解放的首都，但它将因两天后盟军在诺曼底的登陆而黯然失色。

1944年8月由于盟军在西欧登陆的需要，英美军事当局又从意大利战场调走 7 个精锐师，削弱了盟军在意大利的实力。因此在 9 月突破"哥特防线"后，意大利战场一度处于沉寂状态。

1945 年 4 月，西线盟军和东线苏军同时对德国发起强大攻势，意大利战场也再度活跃。4 月 9 日驻意盟军从东西两翼发动攻势，使撤退中的德军溃逃。盟军一路向北追击，解放沿路城市，于 4 月 24 日渡过波河。次日意大利游击队全面起义，德军处处挨打。28 日盟军封锁了德军企图逃走的阿尔卑斯山各山口。当天游击队在科摩湖抓住企图逃往瑞士的墨索里尼和他的情妇，在美国人尚未赶到之前便将他们枪毙。第二天他们的尸体被运到米兰，倒挂于中心广场，任人嘲笑唾骂。也就是在这一天，德西南集团军总司令菲廷霍夫的代表签署了无条件投降书，并于 5 月 2 日生效。至此意大利终于获得了解放。

三、"霸王行动"——诺曼底登陆

1944 年 6 月 6 日盟军在诺曼底的成功登陆，使两天前罗马的解放颇为逊色。这不仅是因为这次行动对"二战"进程产生的决定性影响，而且因为它是人类战争史上迄今为止规模最大、最艰巨最危险的水陆两栖作战。它的一拖再拖，既是出于三大国各不相同的政治及战略利益的考虑，也是出于它准备工作的艰巨复杂。

尽管在推迟在法国北部开辟第二战场的问题上丘吉尔首当其冲，但实际上早在 1943 年 3 月英美就在伦敦秘密成立了一个参谋部，负责研究和制定诺曼底登陆作战计划，筹集兵员和各种军用

艾森豪威尔与蒙哥马利在商讨诺曼底登陆的筹备工作

物资。与此同时盟军加强了对德国及其占领国的战略轰炸，从总体上削弱德国的综合战争能力，瓦解德国士气，为大规模进攻做着间接准备。

1944年1月14日，已在北非被证明是个优秀组织人才的艾森豪威尔到达伦敦，着手建立他的司令部。他手下集中了英、美优秀的指挥人才：他的副统帅是英空军上将泰德；参谋长为美将史密斯；英军地面部队司令为蒙哥马利（他还负责登陆后一段时间内协调盟军所有地面部队的行动）；美地面部队司令布莱德雷；空军总司令和海军总司令分别为英将马洛里和拉姆齐。这些军事精英们立即开始竭尽全力为这次史无前例的战斗继续做好准备。

1944年4月，艾森豪威尔对英美空军加以改组，统一指挥，使战略轰炸直接为登陆做准备。4—5月两个月，盟军对法国的桥梁、公路、铁路、机场、雷达通信设施实行了更为猛烈的轰炸，终于取得了至关重要的制空权。到登陆前，德国只剩下飞机500架，而且登陆地点已与其他德军占领部分相对隔离。

制海权已在几年的大西洋鏖战中归盟军所有。到诺曼底登陆时，德军在英吉利海峡和比斯开湾一带只剩下3艘小舰艇，不足为惧。在登陆地点的选择上，盟军放弃了地理条件优越、但德军防守也最严密的瑟堡附近，选择了瑟堡和勒阿佛尔之间的诺曼底海滩。由于要在长约 50 英里的 5 个滩头同时登陆，需要调集更多的登陆舰艇，因此只好把登陆日期推迟到 6 月。

为对登陆地点严格保密并欺骗敌人，盟军大用疑兵之计。它把大量运输舰甚至船舶模型集中于英国东南部，发出大量电讯，造成假象，好像盟军登陆地点是在加来，致使德军上当。

为解决登陆所需的港口问题，盟军在工程中采取了神妙的临时速成法：在海浪拍击的光秃海岸下沉一排排填海船和混凝土沉箱以构成防波堤，又安置浮动埠头和堤道充当船坞和码头，盟军把这种人工港口称为"桑葚"和"醋栗"。

盟军在诺曼底登陆

为分散敌军兵力，避免把登陆部队的作战变成阵地战，盟军统帅部提出同时在法国南部地中海登陆的"龙骑兵计划"。但由于运输及登陆工具的不足，该计划到 8 月才得以实行。

为满足登陆后摩托化部队所需要的大量燃料，当年夏天铺设了英法之间的海底输油管道。

在上述准备过程中，盟军各部队不断在英国集结。到登陆前，已集结 86 个师 287 万多人（其中美军 153 万多人），9000 余艘各类舰艇船只，1.3 万多架飞机，所需的武器装备，弹药油料堆满英国南部乡村的小道两旁，整个英国南部成了一个名副其实的大兵营。盟军已做好准备，只期待登陆日是个好天气。

在海峡对岸，是德军经过 4 年时间构筑的"大西洋壁垒"，它由水雷、水下障碍物、独立小地堡、机枪网、带电铁丝网和大炮组成。德军以 58 个师防守西线，总司令是伦斯德。隆美尔的 B 集团军群 39 个师防守英吉利海峡沿岸。在失去制空权和制海权的情况下，要守住这 3000 英里长的海岸线谈何容易！他们必须正确判断盟军的登陆地点，利用高度机动的优势，在盟军上岸前就把他们赶下海去。然而在这些方面，德军做出的决定无一正确。

由于盟军成功的保密工作和虚张声势，从守口如瓶的英国不但没有点滴重要的消息泄露出来，反而诱使伦斯德一直认为登陆地点是在海峡最狭窄的加来和弟厄普之间。尽管希特勒的"天才预感"使他认为盟军可能在瑟堡和冈城之间的诺曼底登陆，而且最后隆美尔也同意这一看法并加紧投掷障碍物和加固海岸工事，但已没有时间发展到足以阻止盟军的程度了。

在作战计划上，伦斯德和隆美尔也各持己见。前者打算等盟军登陆后再发动强大攻势，加以歼灭，但后者从北非的教训中坚持认为必须在盟军上岸前便把他们击溃。最后的作战方案采取了折中办法，结果是两头落空，盟军既未被赶回海去，在他们上岸后德军的攻势也并非强大。更为糟糕的是，希特勒一定要在贝希特斯加登遥控战役，并紧紧抓住后备部队特别是对阻击登陆至关重要的装甲师的调动权，结果最终贻误了战机。

时间飞快地流逝。根据潮汐和月光以及登陆舰艇的集结情况而决定的 6 月 5 日到 7 日的登陆日即将来临。然而天公却不作美。从 6 月 3 日晚气象情报人员带来的都是坏消息。6 月 5 日登陆部队已经上船，但铺天盖地的暴风雨使统帅部不得不把登陆日推迟一天。但天气预报仍不能令人满意：天气好转只能持续 36 个小时，以后还将周期性变坏。在此关键时刻，艾森豪威尔当机立断，发布了登陆命令。

6 月 6 日——登陆日凌晨，有史以来的最大登陆战擂响了战鼓。英美三个空降师承载上千架运输机和滑翔机，从英国 20 个机场起飞，划破夜空，成功地在诺曼底海岸后面的重要地点着陆。从黎明到天亮，盟军空军对"大西洋壁垒"猛烈轰炸，紧接着海军战舰大炮齐鸣，猛轰沿海敌军阵地。在这一片地动山摇的轰炸之中，登陆部队以雷霆万钧之势猛扑诺曼底海岸，相继在 5 个登陆地点按时登陆。傍晚，盟军在伤亡万余人后终于在各个滩头建立了稳固的立足点，希特勒大肆宣传的"大西洋壁垒"，在几小时之内便被突破了。

面对盟军这致命的一击，德军的反应相当迟钝。恶劣的天气使德军将领们普遍认为盟军不会在狂风怒号波涛汹涌的海面发动进攻，因此 6 月 5 日隆美尔回家去给妻子过生日。当登陆已经开始时，他们又怕打扰正在睡觉的希特勒的好梦，而迟迟未把消息告诉他。当希特勒终于醒来得知盟军已经登陆的消息后，他又迟迟不肯把后备队的装甲师立即派上用场。这一系列的拖延只为盟军扩大并加固滩头阵地和后续部队的源源而来提供了机会。

第二天蒙哥马利到达诺曼底，指挥地面部队扩大滩头阵地。到 6 月 12 日，5 个滩头阵地已连成一个宽达 80 英里的大桥头堡，32.6 万人，5.4 万辆车和 10 万多吨物资已运到岸上，盟军开始向科汤坦半岛中部推进。尽管 6 月 18 日一场少见的暴风和掀起的巨浪毁坏了人工港的主要堤道，使登陆延误了 3 天，但已不能阻止盟军的行动。26 日盟军攻克瑟堡。7 月初登陆部队已超过 100 万人，车辆 17.7 万多辆。24 日盟军发动全面进攻的准备工作已经完成。诺曼底登陆战胜利结束。

但是在这战争成败的关键时刻，德军将领们却在为几天前发生的谋杀希特勒的事件而胆战心惊，无心指挥战斗，而隆美尔和伦斯德也失去了希特勒的信任。

隆美尔于 6 月 6 日晚 10 点返回他的指挥所后，便调兵遣将组织反击，然而为时已晚。到 6 月 17 日他和伦斯德都明白取胜已无希望。当天两人去苏瓦松谒见希特勒，力图使他明白形势。但希特勒对他们的劝告置之不理，并向他们保证德国的最新式武器——V1 飞弹（即小型火箭）将会对战局发生重大影响。实际上，为挽回颓势并报复盟国，从 6 月 13 日开始德国便向英国发射 V1 飞弹，以后三个月中德国共发射 V1 和 V2 型飞弹 7500 枚。然而飞弹虽威力不小，却阻止不了盟军的前进。隆美尔在 6 月 29 日再次见到希特勒，希望劝他结束与英美的战争，转过身来和英美一道反对苏联。但希特勒根本不许他说话。此后隆美尔虽遵从希特勒旨意在诺曼底坚持下去，但希特勒对他的信任已经消失。至于伦斯德，他因与隆美尔意见相同而在 7 月 1

日被希特勒免了职。代替他的是原东线指挥官克卢格。

7 月 17 日隆美尔的汽车受到盟军飞机的攻击，他多处负伤但奇迹般地生还。但 7 月 20 日谋刺希特勒的事件却使他最终死在了他多年效忠的元首手上。

在德军一部分高级将领中酝酿谋杀希特勒的计划已非一日。7 月 20 日中午，德国国内驻

施道芬堡

防军司令部参谋长施道芬堡奉希特勒之命到腊斯登堡的大本营"狼穴"开会，他乘机把一个装有定时炸弹的公文包放在会议桌下希特勒的脚边，然后偷偷溜了出去。但是一个与会者为了看清桌上的地图，顺手把这个碍事的公文包移到橡木桌子厚厚底座的外侧，这一几乎是无意识的动作结果救了希特勒的命，他虽然被炸得头发烧焦，两腿灼伤，右臂拧伤，耳膜震坏，一时狼狈不堪，但性命却保住了。

这一事件在西线战场引起震惊，接着盖世太保大肆报复，残酷地捕杀参与其事的高级将领和涉嫌参与其事的人，使各级指挥官心惊肉跳。刚刚接任西线总司令的克卢格也遭重大怀疑，致使他整日心神不宁。8 月 15 日他不辞而别离开司令部，在返回德国途中服毒自杀。

下一个便轮到了隆美尔，这位赫赫有名的元帅被说不清道不明地怀疑涉嫌此案，结果希特勒"宽大地"让他于 1944 年 10 月 14 日服毒自尽。

就在德军各级指挥系统因恐怖而瘫痪之时，生气勃勃的盟军开始了解放法兰西的战斗。

四、解放法兰西

1944 年 7 月 25 日登陆盟军开始大规模进攻。布莱德雷从圣洛对德军发起攻势，不到一周时间便占领了阿佛朗什，迫使德军向东南方向退缩。希特勒急调驻加来地区的德军驰援诺曼底战线，但为时已晚。8 月 1 日勇敢的坦克司令美将巴顿率领的第 3 集团军从阿佛朗什出击，德军阻拦失利，巴顿的坦克兵分三路在开阔地驰骋：一路向西，切断布列塔尼半岛的德军防线；一路向东南，于 8 月 8 日攻下勒芒然后驱车北上；一路东进，于 8 月 17 日攻下奥尔良，18 日进入夏特勒。与此同时，美加波联军从冈城南下，8 月 16 日占领法莱斯，与进抵阿尔让唐的由勒克莱尔将军指挥的法军第二装甲师形成阿尔让唐—法莱斯口袋，包围德军 8 个步兵师和 2 个装甲师，毙敌 1 万，俘虏 5 万。德军向塞纳河方向狼狈溃逃，盟军则乘胜追击，进逼法国首都巴黎。

8 月 15 日"龙骑兵计划"终于得以实施。美法军队从法国南部的土伦和戛纳之间登陆成功，并继续向北推进。盟军形成南北呼应之势，战局已经确定。

8 月 19 日盟军占领了塞纳河西岸的芒特。当天巴黎人民举行武

| 1944 年 8 月 25 日，戴高乐穿过凯旋门步行进入巴黎

装起义，与德国占领军进行了一周巷战，最后由勒克莱尔的坦克解决了问题。8 月 25 日勒克莱尔的第二装甲师进入巴黎，奉艾森豪威尔之命接受了德军投降。面对重获自由的巴黎，凯旋的勒克莱尔真是感慨万千。当天法国抵抗运动的领袖戴高乐进入巴黎，房屋上下飘扬着欢迎的旗帜，大街小巷成了一片欢腾的海洋。30 日戴高乐宣布法兰西共和国临时政府开始施政。10 月下旬，盟国相继承认戴高乐政府。

　　法国首都巴黎的光复标志着整个诺曼底战役的结束。盟军以伤亡 21 万人的代价使德军折损兵力近 40 万（其中一半是战俘），坦克 1300 辆，火炮 2000 门。这次前所未有的伟大战役不仅使德军遭受了决定性的打击，而且与东线苏军的反击相呼应，把欧洲的抵抗运动推向了最后的高潮。

五、欧洲的抵抗运动

纳粹德国对被占领的欧洲实行了最残暴最黑暗的统治。在整个战争期间，约有 2000 万人被大规模屠杀，其中约 1000 万是苏联平民和战俘，600 万是犹太人（儿童占 1/6），此外还有约 800 万平民和战俘（其中 1/4 是妇女）被押到德国去做苦工。但是压迫越烈，反抗越烈，欧洲人民在极困难的条件下，为了民族生存和国家复兴，对纳粹进行了殊死的抵抗。

波兰是欧洲反法西斯武装抵抗运动兴起最早、持续时间最长，损失异常惨重的国家。由于波兰人民从一开始就被视为劣等民族，因此他们从未被邀请在纳粹的新秩序中进行合作，因此它的抵抗运动不是针对通敌者，而是直接针对纳粹统治。

1939 年 9 月 30 日波兰流亡政府（先在巴黎、后迁昂热，法国败降后迁到伦敦）首先举起抵抗义旗。流亡政府在波兰境内建立了地下的"武装斗争同盟"，领导国内的抵抗运动。以后该同盟联合其他军事组织组成"国家军"，在全国设立 6 个作战区，有组织地展开游击战争同纳粹斗争。

1942 年 1 月波兰工人党的成立使抵抗运动出现了新形势。它创建了"人民近卫军"，与"国家军"一道进行广泛的游击战。整个战争期间波兰游击队人数超过 50 万，仅次于苏联和南斯拉夫。1943 年 4 月华沙犹太人大起义和 1944 年 8 月的华沙起义，是波兰人民抵抗法西斯统治可歌可泣的壮丽篇章。

波兰流亡政府不仅在国内组织抵抗，还在盟国境内建立了约 20

万人的正规波兰军队。他们与西方盟军一起转战了几乎所有的西欧、北非、地中海战场。在不列颠之战、北非沙漠战、意大利前线、诺曼底登陆等重大战役中，都能看到波兰士兵的战斗身影。与此同时，还有几万人参加欧洲其他国家的抵抗运动。

1943年3月，留居苏联的原波兰共产党人在莫斯科成立"波兰爱国者联盟"，在苏联帮助下建立了"波兰第一步兵师"。该师以后发展到40万人。在战争的最后阶段这支波兰军队与苏军并肩作战，直到攻克柏林，把波兰国旗和苏联国旗并排插上布兰登堡大门。波兰人民为赢得战争付出了总人口1/6的巨大牺牲，作出了不可磨灭的贡献。

德国的占领和维希政府的投敌卖国，使法国人民的抵抗具有双重目标——打击通敌叛国者和纳粹占领军。1940年6月18日，流亡伦敦的戴高乐将军第一个打出了争取民族独立进行民族抵抗的旗帜。他成立"自由法国"（后更名为"战斗法国"），建立了以洛林十字为标志的自由法国第一支部队，争取法属殖民地归附他进行的独立事业，以大量的工作巩固国外抵抗阵地，并推动国内抵抗运动的开展。

与"自由法国"运动的兴起几乎同时出现的国内抵抗运动，最初是自发而分散的。苏德战争的爆发使法国共产党从1939年8月因苏德互不侵犯条约而造成的混乱中清醒过来，积极倡导建立民族阵线，使国内各抵抗组织日趋联合。1943年1月"战斗法国"与民族阵线联手成立了"全国抵抗运动委员会"，公认戴高乐将军是法国抵抗运动的灵魂，从而大大推动了国内武装斗争的发展，终于在1944年3月建立了由戴高乐任命领导人的内地军。当法国的海外部队和英美加联军一起开辟欧洲第二战场时，这支有50万人的内地军在全国各地举行武装起义，配合盟军解放祖国。8月19日巴黎人民的武装起义是民族起义的最高潮，它为盟军和戴高乐将军重返法兰西铺平了道路。

战斗在敌人心脏地区的南斯拉夫人民是欧洲反法西斯抵抗运动的一面光辉旗帜，高举这面大旗的是以约瑟夫·布罗兹（他更以其革命绰号"铁托"而闻名）为首的南斯拉夫共产党。

1941年4月15日，在德意法西斯即将占领南斯拉夫全境的前两天，南共便号召人民坚决反对侵略者。6月27日，以南共总书记铁托为总司令的南斯拉夫人民解放游击队正式成立，7月4日总司令部便做出发动全国武装起义的决定。7月7日在塞尔维亚开始的七月大起义迅速在南全境发展，并形成了以乌日策为中心的解放区"乌日策共和国"，南共开始把武装斗争和政权建设结合起来。在南共领导下，抵抗运动在塞尔维亚、克罗地亚、门的内哥罗、波西尼亚、黑塞哥维那、斯洛文尼亚到处发展。在游击战的高潮中，1941年12月22日，诞生了南斯拉夫第一支正规部队——"第一无产阶级旅"。在第一年反对德意法西斯的战斗中，南共游击队挫败了敌人3次大规模攻势，牵制了敌军25个师的兵力。1943年南人民解放军牵制意大利16—20个师，为击溃意大利法西斯作出重大贡献。

与南共领导的抵抗力量并存的是一支由原王国政府旧参谋部军官米哈伊洛维奇率领的称为"切特尼克"的部队，他以拥戴国王为号召，得到了流亡的王国政府和英国的支持。然而米哈伊洛维奇一心想建立一个塞尔维亚人居于至高地位的国家，为此他不但鲜少与敌人打仗，常常按兵不动以保存力量，而且拒绝铁托希望与之合作共同抗敌的建议，甚至与投敌卖国者暗中勾结，攻击游击队。因此最终失去了盟国

| 1944 年 7 月，铁托在克罗地亚维斯岛山洞的军事总部

的支持，丘吉尔和罗斯福先后转而支持铁托。

从 1943 年 1 月到 1944 年 5 月，南斯拉夫人民解放军共挫败敌人 4 次更大规模的攻势，并在斗争中不断壮大。到 1944 年 9 月南人民解放军已发展为 40 万人，加上 130 支游击队，抗击着德意军队 40 万人。1944 年 10 月，处于反攻的南人民军队在苏军配合下解放了首都贝尔格莱德。直到战争末期，德国在南斯拉夫战场仍有 13 个师约 30

万人的兵力。1943 年秋，丘吉尔曾十分公允地评价过南斯拉夫抵抗运动的贡献："巴尔干战场确实成为我们使敌人力量尽量分散的一个地方，并能为我们未来的艰苦战役减轻压力。"

整个"二战"期间，南斯拉夫人民以牺牲 170 万人的代价歼敌 40 万人，他们不但争得了祖国的独立和解放，而且在南共领导下在法西斯铁蹄肆意践踏过的国土上建立了社会主义的新国家。

在欧洲到处燃起抵抗的火焰。阿尔巴尼亚共产党是抵抗运动的中坚力量，它领导人民展开的山地游击战使敌人胆战心惊。意大利投降后意大利共产党在北部山区建立了"加里波的"游击队，与其他抵抗组织共同建立"自由义勇军"，逼得希特勒不得不从前线调回 1/3 兵力对付这 26 万武装抵抗战士。挪威抵抗战士的功绩尤不可没，他们曾两次深入虎穴，破坏了德国制造重水的设备，成功地粉碎了希特勒抢先制造出原子弹的企图，对大战进程产生了重大影响。罗马尼亚和保加利亚人民在苏军进入国境后，在共产党参与领导下进行了武装起义并建立了新政权。他们的武装力量还和苏军一起并肩作战，越出国境追击溃逃的德军。

希腊、荷兰、比利时、捷克斯洛伐克……到处都有抵抗战士在战斗。捷共产党人伏契克的不朽名著《绞刑架下的报告》，以其鲜血和生命记述了他和他的同志们对纳粹分子的斗争经历以及他自己被捕入狱的经过，表达了他对生活的热爱，对祖国和故乡的深深眷恋，使该书成为一团永不熄灭的爱国主义的火焰。就是在法西斯严密控制下的德国，人民的反法西斯斗争也从未停止，台尔曼便是德国人民反法西斯的优秀战士和光辉象征。

欧洲人民为争取民族独立和解放而进行的反对德意法西斯的斗

争，成为第二次世界大战的一个重要方面军。正是他们和盟国军队一起，相互配合，相互呼应，注定了德意法西斯灭亡的最后命运。

六、阿登攻势——希特勒的大赌注

1944 年深秋，战争已从东西南三面逼近德国本土，但各战线都出现了暂时的平静：在西线，盟军在夏季节节胜利之后，在莱茵河以西逐渐停止攻势，稳步集结，准备发动最后的进攻；在意大利，德军把盟军挡在波河以南；在波兰，苏军未能渡过维斯瓦河。红军在巴尔干的胜利虽然使希特勒在 1941 年建起的阵地像一副纸牌一样地垮掉了，但战事仍限制在喀尔巴仟山以南。

战线的沉寂助长了希特勒的想入非非，他决定放弃东线以保西线，集中兵力发动一场使盟军猝不及防的攻势，夺回主动权。为此从 9 月底希特勒就和他的最高统帅部十分秘密地着手计划西线的反攻，进攻地点就是四年半之前德国突破法军防线的那同一个崎岖不平的阿登山区。目标在于夺取盟军的主要补给港口安特卫普，把盟军一分为二，并制造第二个敦刻尔克，然后再转过头来对付苏联。为实施这个计划，他召回了西线总司令伦斯德和 B 集团军群司令莫德尔。两位元帅虽然对希特勒的野心勃勃和近于痴心妄想的计划大吃一惊，但劝说的结果和以前所有的努力一样毫无成效。特别是 7 月炸弹事件之后，无人再敢多言。

12 月初，希特勒调集了 28 个师用以进攻阿登，另外 6 个师准备插入阿尔萨斯。担任主攻任务的是狄特里希指挥的第 6 党卫队装甲军团和曼特菲尔指挥的第 5 装甲军团，共计约 10 个装甲师。最后的计划包括每一个细节甚至炮轰的时间都是希特勒在大本营亲自制定的，当该计划交给伦斯德时，上面还有希特勒的亲笔警告："不得更改"。希特勒的计划不可谓不大胆，如果他有足够的人力物力做后盾，或许他能成功。但是他没有。

希特勒面对的是实力远远超过德军的艾森豪威尔指挥的英美法加联军：西北方面是蒙哥马利的英加军队；中部有布莱德雷的三个美军兵团；东部和南部是帕奇的来自地中海的美军和塔西尼的善于穷追猛打的法军，巴顿的第三集团军也在南部。盟军共计 87 个师，其中 25 个装甲师。然而令人颇为奇怪的是，盟军的高级指挥官们事先对这次突袭却茫然不知。蒙哥马利在德军进攻前一天还给艾森豪威尔写信，说他要在家里过圣诞节。造成这种状况的重要原因，是盟军认为德国已丧失了进攻能力。蒙哥马利在 12 月 16 日即德军进攻的那一天还在对他的官兵信心十足地说："目前敌军在所有战线上都在打防御战；他们的处境已不可能使他们发动大规模的进攻战了。"

希特勒在进攻前实施了代号为"格赖夫"的作战计划。"格赖夫"一词在德语中指神话中那种鹰头狮身长有翅膀的怪兽，如果就它在盟军中造成的巨大而惊人的混乱而言，这个名字倒取得十分恰当。德军挑选了一支会讲英语的突击队装成美军，乘美军吉普车深入盟军防线内部，他们分成小队到处切断电话线，倒转路标，挂上红带子表示路上埋有地雷，尽其所能地制造混乱。美军被这少数德国兵的活动扰得惊恐不安。为搜索这些德国小队，许多交通运输线不能通行，50 万美国士兵只要在路上相遇就互相盘问，几百名士兵因不能回答盘问者五花八门的问题而被抓起来。正是在这种混乱情况下，希特勒发动了进攻。

12 月 16 日清晨德军分三路突然出击。密集的大炮对几乎所有盟军阵地猛轰，惊恐的美军士兵从睡袋中慌忙爬出来钻到掩体中，接着几百架探照灯发出耀眼的强光，为坦克前进照明。德国人真的把盟军打了个措手不及。但是在北翼进攻的狄特里希遭到美军极其激烈的抵抗，进展缓慢。直到 18 日才向前推进 30 英里，但很快被美军逼入死角动弹不得。在中线曼特菲尔进展迅速，因为盟军犯了法国 4 年半前的错误，以为阿登地区既然不适于自己对德进攻，德军也不会从此进攻自己，因此守军兵力薄弱，特别是美军 106 师刚从国内调来，毫无作战经验。17 日晚，德军发动钳形攻势，包围了 106 师的两个团。两天后至少有 7000 美军被俘，成为美军在欧洲战场上最严重的失败。

直到 17 日早上，盟军主要司令官们才承认德军全面进攻已经开始，艾森豪威尔急调两个后备师冲往前线。18 日曼特菲尔的部队进抵公路交通枢纽巴斯托克。美军工兵在这里大显身手，防务十分坚固，美军死守不让。19 日麦考利夫准将指挥的美 101 伞兵师火速赶来增援，双方争夺战十分激烈。22 日德军要求被围的美军投降，但只得到麦考利夫两个字回答："笨蛋！"这个美国俚语含意颇深，从此在"二战"史上传为美谈。直到圣诞节德军也未突破麦考利夫的防线，只得绕过巴斯托克向前推进。塞勒斯是德军推进的顶点，于是中部战线形成了一个凸出部（阿登战役因此又称为凸出部战役或凸角之战）。但是盟军迅即从南方调来巴顿的第 3 集团军第 4 装甲师从南面发动进攻，26 日解了巴斯托克的围。与此同时盟军空军对已前出到塞勒斯的德国装甲部队猛烈轰炸，26 日这些坦克已无法在白天活动而开始后退。德军渡过马斯河的打算落空了。

1945 年 1 月 3 日，盟军南北夹击开始反攻。尽管德军也在这一天对巴斯托克发动了最猛烈的攻势，由此展开了阿登战役中最激烈的战斗，但在巴顿的猛攻下，德军终未能拿下这个重镇。8 日希特勒终于下令德军撤退。16 日南北盟军会师，28 日德军被赶回到原来的阵地。1 月 12 日苏军发动了壮丽的冬季攻势，在维斯瓦河—奥得河一线全线出击，1 月中旬拿下华沙，有力地支援了西方盟军。

阿登战役是西线最大的阵地战，德军伤亡约 12 万人，损失坦克和反坦克炮 600 余辆（门），飞机 1600 架。希特勒再无后备力量可以补充。他在西线的这次孤注一掷的失利，使德军彻底丧失了反攻能力，之后屡战皆败，终至灭亡。

七、双管齐下——盟军在太平洋的反攻

1943 年的瓜岛之战使日军遭到决定性败退，盟军掌握了战略主动权。在以后的几个月中，双方都在为下一步行动做着准备。

在盟军方面，在美国强大的经济实力支持下，当年 5 月在华盛顿举行"三叉戟会议"，英美参谋长联席会议指定由美国负责进行太平洋战争，保持对日本的进攻姿态；并决定了两条反攻路线：一条是沿西南太平洋从新几内亚群岛和所罗门群岛向北，由西南太平洋战区总司令麦克阿瑟指挥；一条是沿中太平洋从珍珠港到马里亚纳群岛向西，由中太平洋战区的尼米兹指挥，两条路线将在菲律宾汇合。

麦克阿瑟的任务是首先攻打腊包尔，第三舰队司令哈尔西将在麦氏指导下直接指挥所罗门群岛的战争。他们计划在西南太平洋分两路进军，一路从新几内亚西进北上，占领特罗布里恩德群岛—莱城，然后过海峡到新不列颠岛；一路从所罗门群岛北上，经瓜岛—新乔治亚群岛—布干维尔岛，然后开始攻打腊包尔。为此麦克阿瑟部着手为这一系列的水陆两栖作战积极准备。在中太平洋的第 7 个目标是吉尔伯特群岛。

1943 年的日本，国内经济的困窘之态已经显露。瓜岛战败后，日军企图转攻为守，在盟军进攻路线上层层设防，硬拼死打，与盟军逐岛争夺，阻止盟军反攻。为此日军大本营首先力图巩固自己在所罗门群岛和新几内亚的战略地位。

3 月初，日军的一个师团约 7000 人的兵力分乘 8 艘运输舰，在 8 艘驱逐舰和约 200 架飞机护送下，从腊包尔起航驶往莱城。当船队行驶到俾斯麦海时，受到美军空军三次袭击，结果运输船全部沉没，4 艘驱逐舰也难逃厄运，约 3600 人葬身鱼腹。从此，日军的海上运输能力大大削弱。

"俾斯麦海战"失败后，山本五十六力图夺回该地区的制空权。4 月初他集结 300 多架飞机，开始对盟军在瓜岛和新几内亚的基地进行轰炸，但得不偿失。为鼓舞士气，山本于 4 月 18 日从腊包尔出发前往布因，但早已掌握其飞行路线的美国空军已等在布因上空，并在转眼之间把山本的座机击落，山本葬身于布因北方的密林之中。接替他的是海军大将古贺峰一，但是，无人能真正取代山本五十六。山本之死对日本的打击就如同损失了一艘超级战列舰一样沉重。

1943 年 6 月 30 日，计划已久的麦克阿瑟和哈西尔开始同时进攻特罗布里恩德群岛和新乔治亚群岛。在特罗布里恩德登陆顺利，登陆部队很快就修建了机场。但是，在新乔治亚的登陆则遇到日军抵抗，加上这里山地丛林气候潮湿，更增加了进攻的困难。因此美军经过艰苦的逐个小岛的争夺，直到 8 月初才在该岛站住了脚。

新乔治亚群岛的艰难登陆使哈西尔意识到这种逐岛争夺既会使日军有时间加强他们的下一道防线，又会使盟军失去海空优势的优越性，于是他决定先夺取日军防守不牢但面积很大的韦拉拉韦岛（所罗门群岛中部），而绕过该群岛中防御较固的科隆邦加拉岛，并通过封锁它使其"自生自灭"。这一"跳岛战术"颇有成效。8 月中旬美军在韦拉拉韦登陆成功，9 月底 10 月初科隆邦加拉的日军被迫撤走。

接着美军开始对腊包尔实行这种围而不打的跳岛战术。11 月 1 日哈尔西部在布干维尔岛成功登陆并不断扩大阵地，在 10 天的持续空战中，美军击毁日军 170 余架飞机，使腊包尔失去了强大进攻能力。12 月 26 日麦克阿瑟部在新不列颠群岛西部登陆，并逐渐占领该地区，于是腊包尔虽仍据险死守，但已被孤立。与此同时澳大利亚部队在新几内亚北部也进展顺利。9 月 16 日进入莱城，随后因日军收缩战线放弃马丹港，澳军遂予占领。

所罗门群岛和新几内亚岛的战斗对日本海军来说是航空兵力和辅助舰艇的致命消耗战，但日本薄弱的经济基础不可能生产更多的飞机和舰艇，这就更加剧了它军事上的危险性。因此无可奈何的日本当局于 9 月 30 日制定《今后应采取的战争指导大纲》，以 1944 年中期为目标，划出千岛—小笠原—马里亚纳—特鲁克—西部新几内亚—巽他列岛和缅甸一线作为必须确保的"绝对国防圈"，并使之成为不可攻破的屏障。于是处于该"圈"之外的新几内亚岛的大部分，包括腊包尔在内的所有俾斯麦群岛、所罗门群岛、吉尔伯特群岛和马绍尔群岛，尽管日军还要再守 6 个月，但实际上是准备放弃了。

11 月 11 日，尼米兹在中太平洋开始实施"电流作战计划"，进攻吉尔伯特群岛，作为进攻防守更严的马绍尔群岛的第一块踏脚石。具体指挥战役的是中太平洋部队司令、中途岛之战的胜利者斯普鲁恩斯海军中将。这一天 16 艘运输舰载着特纳和史密斯少将的两栖作战部队，以及 5 艘航空母舰、3 艘战列舰、5 艘巡洋舰和 21 艘驱逐舰一起组成强大的轰击力量，向吉尔伯特群岛的塔拉瓦岛和马金岛驶去。这场两栖作战于 20 日开始，经过 3 天激战，美军在付出极为沉重的代价后才在吉尔伯特立住了脚。下一步将是进攻处于日本绝对防御圈前哨的马绍尔群岛了。

1944 年 1 月底，美军开始对马绍尔群岛采取"间接逼近"和"越岛进攻"的战术。首先是对该岛进行 6000 多架次的持续轰炸，摧毁日军飞机 150 余架，使日本空海军活动陷于瘫痪。然后两栖作战部队于 2 月 1 日先在该岛无设防的东端登陆，而后占领该岛。几乎与此同时，另一支美军于 2 月 17 日占领了离马里亚纳群岛 1000 英里的埃尼威托克岛。作为进攻的侧翼掩护，美空军对日本联合舰队所在地特鲁克岛进行三次猛烈空袭，以损失 25 架飞机的代价击落日机 250 多架，并击沉两艘巡洋舰，4 艘驱逐舰和 26 艘油、货船，使腊包尔处于完全孤立无援的状态。这不仅有助于麦克阿瑟在西南太平洋战事的进展，也使特鲁克的防守遭到惨重破坏。

到 1944 年春季，太平洋的日军已经处于分散驻防互相不能援助的境地。在西南太平洋美军已占领俾斯麦群岛的大部分，麦克阿瑟通过跳跃式作战，把战线推进了 1000 英里。4 月美军又占领新几内亚北部的荷兰地亚（今查雅普拉），7 月底在该岛最西端登陆。至此麦克阿瑟扫清了从西南太平洋向菲律宾进行一次大幅度跳跃进攻的道路。在中太平洋的美军此时已占领吉尔伯特群岛和马绍尔群岛，摧毁了特鲁克岛的日军基地，并正在攻打马里亚纳群岛，以突破日本在太平洋上的"防波堤"。

马里亚纳群岛是日本"绝对国防圈"的中心，该群岛上的日军重要据点塞班岛、提尼安岛和关岛对日本的防卫至关重要。一旦美国占领这些基地，不仅"绝对国防圈"将被切断，而且美机还可以轰炸菲律宾、中国台湾和大陆，更可以轰炸日本本土，因此日本对马里亚纳是志在必守。1944 年 2 月日本成立新编 31 军，专门负责中太平洋诸岛防御；3 月成立了以南云忠一为司令的中太平洋舰队和小泽治三郎为司令的第一机动舰队，以加强中太平洋的海上力量。他们调集 9 艘航空母舰，几十艘巡洋舰和驱逐舰，1188 架飞机，既准备迎击美军的海上进攻，又制定"阿号"作战计划，以期在 5 月下旬后在中太平洋捕捉美军舰队主力，主动出击与之展开决战。

但是未等到日本"捕捉"，美军于 6 月即开始了在太平洋的战略进攻，6 月上旬，与欧洲盟军诺曼底登陆几乎同步，以米彻尔为司令的快速航空母舰特混舰队（包括 15 艘航空母舰和约 1000 架飞机）为先导，后跟 535 艘舰艇组成的约 13 万人的两栖作战部队，在斯普鲁恩斯的指挥下向马里亚纳方向驶去。6 月 11 日美军飞机即从航空母舰起飞轰炸塞班岛、提尼安岛和关岛的日军基地，致使日本飞机还未来得及起飞便被炸烂在地，以致连编成少数攻击队都很困难。6 月 15

日在大炮和飞机的轰炸掩护下美军在塞班岛登陆。

与此同时，日军下达"阿号"作战令，以"皇国兴废在此一战"为训谕，准备与美国舰队在马里亚纳群岛以西海面进行决战。6月19日两军遭遇，展开了一场"二战"史上规模最大的航空母舰大战。美军以压倒优势的空军力量，配以潜艇发射的鱼雷，使日军遭到致命打击。据日方统计，这场马里亚纳海空大战，使日本参战的9艘航空母舰被击沉3艘，重创4艘，360架参战飞机仅剩25架，并损失了瓜岛战役后训练出来的绝大部分舰载机飞行员。美军仅2艘航空母舰受伤，飞机损失不到130架。从此美军完全掌握了太平洋战场的制海制空权。

马里亚纳海战（又称菲律宾海战）的胜利使美军在该岛的陆上战斗胜利在望。7月6日尽管南云忠一和斋藤义次（31军第43师团长）以自杀来鼓舞士气，但无济于事。7日塞班岛落入美军手中，8月3日和11日美军分别粉碎了提尼安岛和关岛的日军抵抗。

日军在马里亚纳决战中的败退，直接导致了7月18日东条英机内阁的倒台。但代之而起的原朝鲜总督、有名的"高丽之虎"小矶国昭的内阁也不能挽救日本失败的命运。下一步将是美军重返菲律宾了。

尼米兹在中太平洋的胜利和麦克阿瑟在西南太平洋的推进，使美军在太平洋的两条进军路线已经汇合，美军已能任意选择进攻目标。出于政治上的考虑，美参谋长联席会议把下一个目标定在菲律宾。为此美军集中32艘航空母舰，12艘战列舰，23艘巡洋舰，100多艘驱逐舰和近1000架飞机，在麦克阿瑟指挥下准备通过莱特岛重返菲律宾。

作为日本"绝对防御圈"的一环，菲律宾也是日本要进行的殊死抗争之地。为此日军制定菲律宾决战的"捷1号"作战计划，集中其残存力量6艘航空母舰（其中2艘为战列舰改装），7艘战列舰（其中有刚刚建成的被日军认为是永不会沉没的世界上最大的2艘巨型战列舰"大和"号和"武藏"号），20艘巡洋舰，29艘驱逐舰和400余架飞机，准备在菲律宾孤注一掷。

10月20日——麦克阿瑟规定的"攻击开始日"。日出时分，美军炮弹疾风骤雨般倾泻在莱特岛的海滩上，麦克阿瑟的旗舰"纳什维尔"号驶入海湾。随后美军4个师同时在10英里长的海岸线上登陆，滩头很快就被攻破。下午1时，麦克阿瑟身穿一身笔挺军服，戴一副飞行眼镜，在菲律宾总统奥斯梅纳陪同下涉过齐膝的水面向沙滩

麦克阿瑟重返菲律宾

走来，他终于实现了两年前的重返菲律宾的誓言，再次踏上了这块土地。

10 月 23 日，正当麦克阿瑟在莱特岛首府塔克洛班举行菲律宾文官政府复位仪式时，日本联合舰队正按照"捷 1 号"作战方案向莱特岛滚滚而来。它们在莱特湾附近首先被 2 艘美军潜艇发现，从而揭开了历史上规模最为宏大的海战的战幕。在持续 4 天的战斗中，参战的大小舰艇 280 余艘，日军损失 4 艘航空母舰，3 艘战列舰（包括"武藏"号），9 艘巡洋舰，12 艘驱逐舰和 150 多架飞机。尽管在战争期间美舰受到日军"神风攻击队"的首次袭击，但仅损失了 3 艘航空母舰，3 艘驱逐舰和 100 架飞机。莱特湾海战（又称菲律宾海第二次海战）几乎全歼了日本海军和太平洋上的空军力量。

与此同时，菲律宾的日本守军在美国登陆部队和菲抗日人民军的联合打击下，虽负隅顽抗但终是节节败退。1945 年 2 月 25 日马尼拉获得解放，但所剩 13 万日军直到日本投降时才全部出降。

1944 年 11 月 26 日，美军 B—29 轰炸机开始从塞班岛起飞轰炸日本本土，战争已打到"绝对防御圈"之内。来年将是同盟国在各条战线夺取最后胜利的时候了，但盟国间的分歧也已清晰可见。

八、1944 年的中国敌后战场

1944 年，中国军民仍然在抗战中浴血奋战，既遭受了惨痛失败，也取得了重大胜利，最终将刺破黑夜，迎来抗战胜利的曙光。

1 月 1 日，中共中央北方局在《关于 1944 年的方针》中指出，本年度要重点完成的任务包括：强化对敌斗争、开展大生产运动、完成整风任务、加强时事教育。根据中共北方局的指示精神，华北各抗日根据地开始了局部攻势作战，继续开展大生产运动和整风运动，为来年的战略反攻创造了条件。

2月1日，八路军总部发布命令，要求各战略区适时组织向日伪军据点出击。2月下旬，华南东江纵队开始向广九铁路全线出击，华中新四军则在本月开展对敌作战200余次，取得重大胜利。

3月初，新四军第1师在淮安东南进行车桥战役获胜。中美空军混合大队袭击海南岛，击毁日机30架。3月下旬，新四军第4师对日伪军发动军政攻势，而八路军鲁中军区部队则展开第3次讨伐伪军吴化文部的战役。这些战斗，巩固和扩大了抗日根据地。

4月初至6月中旬，在抗战的正面战场，豫中会战进行。但是由于此时的国民党实行消极抗战路线，造成了中国正面战场的又一次大溃败。中国军队虽经艰苦奋战，损失20万人，付出了重大牺牲，但未能阻止日军打通平汉线的目的，河南全省以及郑州、许昌、洛阳、西平等战略要地沦陷。

反观敌后战场，在此期间，八路军太行军区部队发起了水林战役。八路军晋冀鲁豫太行军区第5、7军分区主力向水（冶）林（县）公路沿线发起攻势，经10天围困和强袭，攻克林县外围据点，城内伪军纷纷东窜，八路军收复林县县城和水冶镇以西沿线据点，歼灭伪军900余人。与此同时，新四军第3师发起高沟杨口战役，并取得重大胜利。此一役，共歼伪军1个旅又1个大队共2500余人，毙伤出援日军140余人，攻克高沟、杨口等据点14处，收复了六塘河（今为沭阳与涟水间界河）两岸地区，使淮海、盐阜两块抗日根据地基本连成一片。

4 月，新四军开展阜宁战役。新四军第 3 师兼苏北军区部队共毙伤伪军 339 人，俘 2073 人，攻克阜宁县城及其外围据点 22 处，摧毁碉堡 143 个，收复国土 250 平方公里，解放村镇 560 余处，控制了（南）通（赣）榆公路的中段。这一胜利，给伪军以沉重打击，扩大了苏北解放区。

进入 5 月后，八路军山东军区部队相继发动了夏季攻势。八路军总部命令太行、太岳军区开展豫北游击战争。

至 6 月，八路军太岳军区部队发起济垣战役，连克日伪陈岭、太社、邵源镇等坚固据点 20 多处，并争取伪军张道安、马明山部 1300 余人反正，击毙俘虏日伪军 800 余人，收复国土 2600 平方公里，解放人口 11 万。控制了济源西南芮村一带渡口，为八路军南下开辟豫西根据地创造了条件。此外，八路军还相继收复武强、定襄、涞源、河间、获鹿、灵丘、徐水等城。6 月底，山东军区对日伪军全面展开夏季攻势。

7 月，八路军渤海军区发起讨伐伪军李永平部战役。八路军、新四军各一部向河南敌后挺进，创建抗日根据地。

8 月，八路军胶东军区部队发起大规模秋季战役。八路军晋绥军区部队发起秋季攻势战役。

在正面战场上，从 5 月底至 8 月，长衡会战打响，历经 3 个多月，国民党军伤亡 9 万多人，日军伤亡 6.6 万多人。这是中国军队和侵华日军之间震惊世界的一战，也是中国抗战史上敌我双方伤亡最多、交战时间最长的城市攻防战。9 月，桂柳会战打响，持续到 12 月下旬。此役，国民党军再次失利，丢失了大片国土。

纵观 1944 年，共产党领导的敌后战场捷报频传。在取得抗战全面胜利的道路上，中国军民艰苦卓绝，浴血奋战，虽有败绩，却也在战火和硝烟中，得到了血与火的锤炼，为赢得抗日战争最后的胜利奠定了坚实的基础。

第 七 章

最后的胜利（1945 年）

一、雅尔塔会议

1945 年初，同盟国的战争取得了不同进展。在欧洲战场上，苏联红军打得十分出色，他们于 1 月 17 日拿下华沙后，已扫荡前进 300 英里深入德国本土，到 2 月初苏军已不停歇地向前推进到离柏林只有 40 英里的奥得河一线，在希特勒的首都已能听到苏军的隆隆炮声。相反，英美盟军由于阿登战役而打乱了他们向第三帝国进军的时间表，到 2 月初，他们仍在远离柏林 300 英里以外的德国边境之外，尚未渡过莱茵河。在巴尔干，苏军已取得决定性胜利，慌得丘吉尔顾不上等待他那正在竞选的伙伴罗斯福，独自于 1944 年 10 月去拜访斯大林，双方处心积虑地进行了一场强权政治老传统下的现实主义交易——在巴尔干划分了势力范围，史称"巴尔干百分比"协议。该协议规定苏联在罗马尼亚和保加利亚的势力分别占有 90% 和 75% 的优势，英国（同美国一致）在希腊占有 90% 的势力，双方在南斯拉夫和匈牙利则各占 50%。换句话说，英国不得不承认苏联在巴尔干北部的优势，以换取维持它在希腊的传统地位。就这样，两个大国仅仅在半张纸上就决定了巴尔干的命运。在太平洋战场，美军虽已逼近日本本土，但要把日本彻底打垮尚需时日。

然而无论如何，盟军在战场上的胜势已不可动摇，战时盟国三巨头考虑的主要问题已是如何筹划建立战后的世界新秩序。这个战后国际政治秩序的基本框架和内容，是在雅尔塔会议上决定的，而经济方面新秩序的一些主要内容，则是在联合国家货币金融会议上决定的。下面我们分别予以说明。

　　1945 年 2 月 4—11 日的雅尔塔会议，是由时任美国总统罗斯福、英国首相丘吉尔和苏联人民委员会主席斯大林这三个巨头为代表的三个大国在苏联黑海北部克里米亚半岛的雅尔塔皇宫举行的。此时盟军的胜利已成定局，但盟国在战场上面临的不同形势以及在共同的敌人行将消亡时大同盟内部潜在矛盾的日益显露，再加上力图维护令人难以忘怀的战时大团结，都将对这次会议带来重大影响。

　　三巨头在雅尔塔会议上的第一个重要决定，就是彻底打败德、日法西斯，并在两国彻底铲除法西斯主义和军国主义，以防止法西斯主义东山再起。会议具体制定了打败德、日法西斯的战略战术，并决定在打败德、日法西斯以后，盟国对德国（包括对柏林）的分区占领和盟国对日本的占领（后来是由美国单独占领），在政治、经济、军事、文化、意识形态等各个方面消灭法西斯主义的影响，以及对德国赔偿的原则规定和对战犯的审判决定。

┃　雅尔塔会议上的三巨头（前排左起）: 丘吉尔、罗斯福、斯大林

会议讨论的另一个重大问题，是德国问题。随着盟军从四面八方集中到德国，如何安排战后的德国再次成为政治家们必须解决的当务之急。在战后的德国必须实行非军国主义化和彻底消灭纳粹暴政方面，三巨头意见一致。在分区占领和管制德国方面出现分歧，丘吉尔力主让法国占有一席之地，罗斯福和斯大林最后同意在英美占领区中划出一部分给法国，苏占区的大柏林也由四国共管，法国参加盟国对德国的管制委员会。在德国赔款问题上，三巨头虽然同意赔偿应根据战胜国的贡献大小和损失大小来分配，但英美认为苏联提出的高达200亿美元的赔款总额（苏联要求得到其中一半）过于苛刻，他们担心在赔款问题上重蹈第一次世界大战后的覆辙。经过激烈争论，主要是丘吉尔的坚持，斯大林最后同意赔款问题留给以后在莫斯科成立的赔款委员会去做专门研究。

波兰问题是会议讨论的另一个重大问题。如果说盟国在德国问题上的分歧尚可通过文字上的技巧给以掩盖的话，那么在与德国密切相关的波兰问题上，则在英美与苏联之间爆发了极其激烈的长时间争论。在雅尔塔会议的8次全体会议中至少有7次会议讨论到波兰，在英国的记录中关于这个问题在三巨头之间的讨论就有1.8万字。问题主要有两个方面：其一是波兰的边界，其二是未来波兰政府的组成。

关于波兰东界，丘吉尔和罗斯福实际承认了苏联在1939—1940年间其疆界的西移，大体以寇松线为准，在若干地区作出对波兰有利的5—8公里溢出。但在西界问题上则费了一番周折。因为它更直接地与处置德国连在一起。斯大林从波兰两次成为德国进攻苏联的走廊得出结论，必须使波兰能用自己的力量关闭这条走廊，这就必须使波兰强大并与苏联友好相处。于是斯大林坚持波兰西界必须西移，波兰要获得原德国的部分领土，以奥得河—西尼斯河为波德边界。对苏联扩张势力范围极为敏感的丘吉尔则主张波兰西界只能到奥得河—东尼斯河一线；罗斯福虽然同意波兰应该从德国那里取得补偿，"但如果要一直延长到西尼斯河就似乎没有什么道理。"由于一时难以达成一致，于是三国同意把这一问题搁置到之后的和会解决。

在未来波兰政府的组成问题上，三国矛盾更为突出。斯大林在会议上强硬地指出："波兰问题对俄国人不仅仅是个荣誉问题，而且是个安全问题……因为苏维埃国家一些极为重要的战略问题都与波兰有关"；"波兰问题对苏维埃国家来说是一个生死攸关的问题"。斯大林强调波苏友谊是两国安全的保证，要求未来的波兰政府是苏联承认并支持的波兰临时政府（即卢布林政府），而丘吉尔则认为受到苏联支持的"那个政府"不过是苏联的傀儡，希望在伦敦的波兰流亡政府回国掌权。但苏联红军已实际解放了波兰并占领着它，在此情况下丘吉尔的想法实在是太不现实了。丘吉尔只好退而求其次，支持罗斯福关于另起炉灶建立一个既民主又对苏友好的政府，斯大林却表示反对，他最多只愿意考虑"改组"卢布林政府，使之"容纳"某些流亡政府的"民主领袖"。于是三巨头达成了协议。然而"改组""容纳"等词汇是如此地空泛和模糊不清，不过是纸面上一时令人满意的保证。

苏联参加对日作战问题，是会议期间美苏单独谈判的问题。为了早日打败日本，减少美军伤亡，罗斯福希望苏联早日对日出兵，但斯大林必须为此而索取报酬，于是在这次大国交易中，中国再次成了牺牲品。最后达成的秘密协定规定：在德国投降及欧战结束后2—3个月内，苏联将参加同盟国方面对日作战，主要条件是：苏联将占有整个千岛群岛和收回库页岛南部；中国承认外蒙古独立；恢复日俄战争前俄国在中国东北的权益，包括大连商港国际化，恢复苏联租用旅顺港为军事基地，保证苏联在中东铁路和南满铁路的优越权益等。丘吉尔在第二天对该协定表示同意。这一背着中国签订的严重损害中国主权的协定是罗斯福在整个战时外交中最不光彩的一页。1945 年 8 月 14 日蒋介石在美国政府的要求下和斯大林允诺只承认他为中国唯一领袖的条件下，与苏联签订了《中苏友好同盟条约》，基本接受了上述要求。

雅尔塔会议在擘画战后世界秩序方面所做的最大贡献是三巨头在联合国问题上做出的努力。建立一个由主权国家组成的常设的国际组织以消弭世界的无政府状态，确保和平与安全，是人类追求的理想。经历了第一次世界大战的人们进行了创造全球性国际组织的第一次尝试，这就是 1920 年建立的国际联盟。人们希望由于国际联盟的存在而使"一战"真正成为"人类最后的战争"。然而国联在决策机制上存在的问题，特别是它的"全体一致"原则，却并不能制止任何一个国家发动战争，而美国始终不是它的成员，苏联长期被排除在外，日、德、意又相继退出而不受约束，使国际联盟更加没有权威性。再加上在强权政治绝对支配世界事务的时代，大国的民族利己主义终于毁了国际联盟。

当人类再度遭受着全球战争的更大浩劫时，人类追求和平与安全的这一理想也再度复活。罗斯福总统像他的前辈威尔逊一样，成为重建国际组织最积极的倡导者。在经历了三巨头多次协商之后，1944年 8 月 21 日至 10 月 7 日，由战时"四强"美国、英国、苏联、中国在位于华盛顿附近的敦巴顿橡树园举行会议，为新的国际组织的最终成立迈出了关键一步。

在敦巴顿橡树园会议上，参加者把拟议中的国际组织命名为"联合国"（Unated Nations）。这个词由罗斯福亲定，来自 1942 年 1 月 1—2

日 26 个反法西斯国家签署的《联合国家宣言》，并制定了联合国的基本组织框架。联合国由 4 个基本部分组成：全体会员大会、大国享有常任席位的安全理事会、秘书处和国际法院。会议同意安理会应承担保卫和平的主要责任，大国、即战时四大国加上法国在安理会中拥有否决权，即"大国一致"原则。会议还同意成立一个专门的经济和社会理事会，特别体现了联合国缔造者的战略考虑。但是会议在两个问题上陷于僵局，其一是会员国资格问题，美国提出 1942 年 1 月签署《联合国家宣言》的 26 个国家和 8 个未与轴心国交战的国家，其中 6 个是拉美国家为创始会员国。苏联看到联合国中存在泛美联盟和英联邦，担心陷于孤立，便提出苏联的 16 个加盟共和国也应以独立国身份成为大会成员，遭到美英坚决反对。其二是关于大国在安理会享有否决权的条件，英国提出，如果一个大国是争端的当事国，它就不应享有否决权，美国表示支持，而苏联则断然拒绝在任何情况下取消否决权。

雅尔塔会议解决了上述两个难题。对于第一个问题，苏联后退一步，要求有 3 个或至少 2 个加盟共和国为创始会员国，美英最后同意吸收乌克兰和白俄罗斯。对于第二个问题，美国提出折中方案，即"雅尔塔公式"，把提交安理会的问题分为两类，一类是实质性问题，大国有否决权；另一类是"程序问题"，如果常任理事国为争端当事国，则该国要放弃表决权。丘吉尔表示支持，斯大林虽不情愿，但最终还是接受了这一方案。会议最后决定于 1945 年 4 月 25 日在美国旧金山召开联合国的制宪会议，制定联合国宪章。雅尔塔会议关于联合国的协议，很大程度上反映了罗斯福对战后世界的设想，即大国合作主宰世界。尽管他本人在当时已极度虚弱。

雅尔塔会议被认为是反法西斯大同盟战时团结合作的顶峰。在一片欢欣鼓舞之中，信任与合作的气氛掩盖了猜忌与冲突的暗流，然而这暗流不容忽视，它将在战争结束后浮出水面。

如果说战后国际政治新秩序是在 1945 年 2 月雅尔塔会议上决定了其关键内容的，那么战后国际经济新秩序则是在 1944 年 7 月召开的联合国家货币金融会议上决定的。

为了恢复世界经济的有序发展，结束自第一次世界大战以来，特别是 20 世纪 30 年代大萧条以来的国际货币关系的混乱状态，建立稳定的国际货币体系，以适应第二次世界大战后世界经济发展的要求，也是反法西斯大同盟特别是美国和英国考虑的大问题。在第二次世界大战后期，美英两国出于对国际经济的有序发展和对本国利益的双重考虑，构思和设计战后国际货币体系，分别提出了美国财长的"怀特计划"和英国经济学家的"凯恩斯计划"。这两个计划都是以设立国际金融机构、稳定汇率、扩大国际贸易、促进世界经济发展为目的，但运营方式不同。由于美国已经确立了世界经济霸主地位和资本主义世界盟主地位，又握有世界 60% 以上的黄金储备而使美元十分坚挺，从而使美元的国际地位非常稳固。因此，尽管在会议召开之前和会议进行期间，双方不断唇枪舌剑，但凭借美元的实力，双方终于达成了主要反映怀特计划并吸收了凯恩斯计划重要内容的"关于设立国际货币基金的专家共同声明"，并成立了国际货币基金组织和世界银行。这两个机构均实行"双挂钩—固定"制度，即美元与黄金挂钩，各国货币与美元挂钩，维持固定汇率（波动幅度不超 ±1%）美元与黄金的比价固定为 35 美元等于 1 盎司黄金，并按资金的份额决定各国投票权的大小，即"加权投票制"，实际为股份最多的美国所操纵，并在很大程度上成为美国推行其对外政策的工具。接着，为了改变两次世界大战之间的年代中各国实行的贸易保护主义政策所造成的国际贸易的无序状态，形成开放的贸易自由化环境，在美英等国的主导下缔结了"关税与贸易总协定"，它是以外汇自由化、资本自由化和贸易自由化为主要内容的多边经济制度，促进了世界经济相对稳定的自由化发展。然而美国由于是当时经济实力最强大的国家而在其中占有特殊地位。这三大机构的建立，被称为"三驾马车"，形成了"布雷顿森林体系"。这一体系的运作，成为"二战"后世界经济有序发展的主要支柱。

就在反法西斯战争行将胜利结束的紧要关头，就在大同盟面临严峻考验的重要时刻，三巨头中最具远见的罗斯福总统，于1945年4月12日在佐治亚州的疗养地因突发脑溢血而与世长辞。

在伦敦，这噩耗使丘吉尔觉得自己好像遭到了沉重的一击；在莫斯科，这消息使斯大林发怔了数分钟之久；在东京，日本首相铃本贯太郎也不得不对这位伟人的去世深表同情；只有在柏林，希特勒欣喜若狂。

对于这位打破惯例在美国历史上连任时间最长（1933—1945）的总统，对于这位领导美国度过世界最大经济危机和全球战争的艰苦岁月并使美国获得世界最强国地位的总统，美国人民的感情是特殊而复杂的。4月14日，罗斯福的灵柩运抵华盛顿，当海军陆战队和步兵护卫着披盖黑纱和星条旗的灵车穿过华盛顿的街道时，成千上万的人默默伫立在道路两旁为他送行。在白宫东厅举行了简短的祭奠仪式后，灵车便沿哈得逊河北上，向海德公园驶去。在军乐队的低沉的挽歌和塔普斯号角声（美国陆海军的丧葬号音）中，罗斯福重归故里了。

然而历史的车轮并不因一位伟人的逝去而停止转动，最后的胜利终将到来，联合国也会如期而至。

二、攻克柏林——第三帝国的末日

希特勒在阿登地区的大赌注并未给即将崩溃的纳粹德国创造奇迹，希特勒只有指望莱茵河这道天然屏障了，他命令在莱茵河右岸的伦斯德指挥的德军不得后退，迫使他们背水一战。

1945 年 2 月初，英美军事首脑在马耳他召开会议，决定了战略部署：首先肃清莱茵河西岸的德军，盟军在北海到瑞士一线集结；然后过河建立桥头堡；最后向德国腹地发动攻击。根据这一部署，蒙哥马利指挥北路的主攻，布莱德雷指挥中路的辅攻，德弗斯指挥南路的进军。

从 2 月 8 日到 3 月 25 日，盟军各集团军以摧枯拉朽之势，先后肃清了从荷兰的阿纳姆到瑞士边界的莱茵河西岸的德军，把"西壁"齐格菲防线抛在后面。中路盟军于 3 月 7 日进抵莱茵河畔的雷马根时，惊异地发现鲁登道夫大桥依然立于河上，便迅速扑灭德军点燃但还未来得及引爆的炸药包的导火索，坦克则直扑桥东，迅速建立桥头堡，工兵立即架起了浮桥。

希特勒再一次大发雷霆，最后一次撤了伦斯德的职，以凯塞林来代替他。但狂澜既倒，无论什么元帅也不可能挽回败局了。3 月底，盟军已在各主要战场上渡过莱茵河。纵使希特勒这个狂人不顾德国人民死活，要把一切工厂、仓库炸烂，以"一片荒漠"阻止盟军前进，但无济于事，盟军势不可挡。

但是在下一步的战争将如何进行的问题上，艾森豪威尔改变了计划，放弃攻打柏林，而把主攻方向改为西南。他指示部下，已经在莱比锡进军的部队继续前进，尽快与俄国人会师，其他部队则进入巴伐利亚和奥地利，北路盟军转向西北，以切断在丹麦和挪威的德军退路。艾森豪威尔的这一决定，主要是因为盟军前头部队离柏林还有几百英里，中间还有雄伟的哈尔茨山脉和滔滔的易北河，而苏军离柏林只有几十英里，盟军如何能首先到达柏林？其次，希特勒困兽犹斗，攻打柏林一定伤亡惨重；再说，从迅速取得军事胜利的角度来看，柏林的军事价值不大，重要的是阻止德军撤到南部山区或丹麦作长期抵抗。于是艾森豪威尔致信斯大林，让苏联人进攻德国首都。

英国人对此大为恼火，丘吉尔出于政治考虑，认为决不能放弃柏林，并为此直接写信给艾森豪威尔，愤怒的英国军队指挥官们则上书马歇尔告状，但最终总参谋长支持盟军统帅，英国人只好服从。

4月18日，中路盟军合围鲁尔地区的32万德军，半个多月后德

1945 年 4 月 30 日，苏军战士将苏联红旗插上德国议会顶端

军投降，司令莫德尔自杀。盟军继续前进，终于与苏军于 4 月 25 日会师易北河，德国遂被分成南、北两部分。南路盟军渡过多瑙河进入奥地利，与亚历山大指挥的意大利北上的盟军会师，北路也进展顺利。至此盟军已基本瓦解了西线德军的抵抗，等待着他们的最后投降。

在东线，为纪念即将到来的列宁诞辰 75 周年，苏军于 4 月 16 日发起了对纳粹德国的最后一击——柏林战役，其规模之恢宏曾使朱可夫激动不已。经过激烈战斗，三路苏军先后强渡奥得河，逼近柏林市郊。25 日苏军完成对柏林的合围。26 日苏军从四面八方对柏林市中心猛攻。27 日战斗已在市区进行，在激烈的巷战中扫清了城内 600 多个街区的敌军。28 日苏军前仆后继夺占了斯普里河上的毛奇桥，攻克了最后一道障碍。30 日三名苏军士兵终于把胜利的红旗插上了国会大厦的圆顶。守城司令魏德林于 5 月 2 日向朱可夫投降。这一仗是苏军以牺牲 30 万人的代价换来的。

这场由希特勒发动的战争终于使他自己走向了死亡。1945 年 4 月 29 日希特勒在阴森森的地下室里与爱娃·勃劳恩举行了婚礼。当天驻守意大利的德军缴械投降。30 日，当苏军攻到波茨坦广场时，希特勒的末日已到，他与其短命的新娘自杀身亡。第三帝国的神话终于破产了。

5 月 4 日，北部德军向蒙哥马利投降。5 月 7 日德国代表在兰斯地区向代表西方盟国的艾森豪威尔签订了无条件投降书。斯大林对此极为不满。在他的坚持下，兰斯投降只算预演，德国的正式投降仪式将在柏林重新举行。5 月 8 日午夜，投降仪式开始。苏方代表是朱可夫元帅和法学家维辛斯基，西方盟国代表是美国战略空军司令斯帕

| 德军参谋长约德尔在兰斯签署投降书

茨，英国空军上将泰德和法军总司令塔西尼。德国最高统帅部代表凯特尔在投降书上签了字。投降书的第一条宣布："我们，这些代表德国最高统帅部的签字者，同德国一切陆海空军及目前德国控制下的一切部队，向红军最高统帅部，同时向盟国远征军最高统帅部无条件投降。"

当5月9日零时德国的投降正式生效时，欧洲战场的反法西斯战争胜利结束，第三帝国成了历史的陈迹。但欧洲已是满目疮痍。

三、联合国的成立与波茨坦会议

1945年4月25日，苏军与美军易北河会师之日，联合国制宪会议在美国西海岸风景如画的城市旧金山如期举行。各国与会代表282

人，随行人员 1726 人，采访记者 2636 人。到 5 月 27 日刚解放的丹麦也被接纳到会为止，出席国家已达 50 个，真是国际关系史上一次规模空前的盛会。会议的目的，是要在敦巴顿橡村园会

苏军与美军在易北河会师

议和雅尔塔会议的基础上，"为一个维持国际和平与安全的全面的国际组织准备一份宪章"。

会议一开始，各国代表就在大会主席人选和会员国资格问题上唇枪舌剑，预示着会议不会一帆风顺，而且在讨论会议的中心议题时，争论更为激烈。许多中小国家指责安理会的权力过大和大国拥有否决权，认为这是对联合国民主平等原则的否定，是使"强权政治合法化"。他们要求限制或取消大国否决权，使安理会从属于大会，扩大联合国大会的权力。他们还认为"雅尔塔公式"含糊不清，不知大国在什么情况下和哪些问题上行使否决权，于是提出 23 个问题要求大会回答。

面对中小国家的挑战，美英苏无意做出实质性让步，因此除了一些技术性的约束之外，他们坚持，鉴于常任理事国对维护国际和平与安全负有主要责任，大国一致原则是"必要的"，从而使安理会在联合国中的权威地位最终得以确立。但是在安理会的表决程序问题上，大国之间的冲突却极为严重，而焦点则在于雅尔塔的投票方案。苏联认为，一项争端必须先由常任理事国一致赞成才能列入议程，即在表决某个问题是否属于"程序问题"时大国也应拥有否决权，于是在会上

引起轩然大波。美国认为将争端提请安理会讨论属于程序问题，不属实质问题，因此任何一个常任理事国都不能行使否决权。英国和中国支持美国，中小国家也表示拥护美国意见，因此会议虽陷于僵局，但苏联也处境孤立，使远在莫斯科遥控苏联代表团的斯大林不得不最终让步，接受了美国的立场。结果"雅尔塔公式"，包括其中的含糊措辞原封不动写进了宪章，中小国家虽在一些问题上不满，但无济于事。

会议在讨论托管制度时，中、苏与英、法争论激烈。前者要求把"独立"作为托管的基本目的，受到中小国家支持，后者则出于维护殖民统治的考虑表示反对，美国态度暧昧。最后宪章采取了折中提法，规定托管制度的基本目的之一是"增进其趋向自治或独立之逐渐发展"，承认殖民地人民的民族自决权。

另外会议还就国际法院的管辖权达成协议，并把中小国家最为关心的经济及社会理事会列为联合国的主要机构。这样联合国共设立6个主要机构：大会、安理会、经济社会理事会、托管理事会、国际法院和秘书处。

旧金山会议虽几经波折，既有冗长的辩论，又有艰难的妥协，更有拟就宪章措辞时的煞费苦心，但到6月26日，各国代表终于在包括111条的《联合国宪章》上签了字。10月24日，《联合国宪章》正式生效。后来，这两天便被定为"宪章日"和"联合国日"。1946年1月10日，联合国51个创始会员国（50个签字国和后来在宪章上补签字的波兰）的代表在伦敦举行了第一届联合国大会。从此，联合国作为新的至今仍无可替代的国际安全组织，开始了它漫长而曲折的历程。

《联合国宪章》的签订，既是反法西斯战争的胜利成果，又是反法西斯同盟合作的结晶。尽管随着战争的即将胜利，美英苏三国军事

| 波茨坦会议现场

合作的需要逐渐减少，潜在的政治冲突日益表面化，但他们还必须同舟共济，为最后打败日本而努力。

正是为了这个目的，1945 年 7 月 17 日至 8 月 2 日，美英苏三国在柏林西南的波茨坦举行了战时最后一次也是最长的一次首脑会议。只是会议的参加者已不同以往，美国新总统杜鲁门虽踌躇满志，但在外交方面显然毫无经验。丘吉尔则在会议进行一半之时，得知虽赢得了一场大战却在国内大选中惨败，黯然神伤地将首相让位于工党领袖艾德礼。

处置战败的德国是会议讨论的主要问题。三国对放弃分割德国已达共识，并确定了美英法苏四国对德分区占领和共同管制的政治经济原则，成立了四国管制委员会以具体处理德国问题。但在德国赔款问题上分歧严重。苏联仍坚持德赔款总额为 200 亿美元，其中 50% 应交予苏联。美英两国认为，任何赔款协定都不应该把德国经济损害到能引起革命、社会骚动和大规模饥荒的程度，杜鲁门尤其反对确定任何固定的赔款总数，建议各国从各自占领区中索取赔偿。斯大林对此强烈反对，双方立场相左，一时僵持不下。最后达成的协议是，苏联除在苏占区取得赔偿外，还将从西方占领区取得当地拆迁工业设备的 25%，其中 15% 用来交换苏占区同等价值的粮、煤和其他产品，10% 是无偿支付。

波兰问题是会议讨论的另一重要议题，这一次争论的焦点是波兰西疆问题。斯大林成功地把战场上的胜利带到谈判桌上，坚持波兰西部应以奥得河—西尼斯河为界。美英无力改变既成事实，最终让步。

会议还讨论了对意大利和德国前附庸国家罗马尼亚、保加利亚、匈牙利和芬兰缔结和约与加入联合国的问题，也颇多意见分歧，最后决定将该问题交给会后设立的美英苏中法五国外长会议去解决。

7 月 26 日，会议发表了由美国起草、英国赞同并邀请中国参加的《中美英三国促令日本投降之波茨坦公告》，强调"《开罗宣言》之条件必将实施，而日本之主权必将限于本州、北海道、九州、四国及吾人所决定其他小岛之内"。苏联虽对公告的起草和发表背着自己进行表示不满，但表示在日本问题上苏联将忠于盟国的合作。8 月 8 日苏联对日宣战，同时正式宣布同意《波茨坦公告》。

波茨坦会议在战后历史的安排上占有重要地位，三大国在承认战时形成的实力状况下通过斗争和妥协，奠定了欧洲政治关系的新格局。但是东西方之间的分歧如此明显，反法西斯大同盟的维系如此艰难，因此丘吉尔把这次会议称为"终点"，实在是恰如其分和意味深长。然而有一点应当肯定，那就是，《波茨坦公告》的宣布大大鼓舞了亚洲人民的抵抗。

四、中国战场的抗战和亚洲人民的抵抗

　　1944 年的亚太战场，日本侵略者被动挨打，处境困难。在太平洋战场上，美军对日本的反攻与进攻不断增强，日本与南洋的海上交通线已被切断，它在中国的长江补给线也处在中美空军的监视之下。为援助侵入南洋的日军，并把中国大陆作为进行最后垂死挣扎的基地，以及防止从中国大陆对日本本土的空袭和建立本土与南方区域之间的交通联络，陷入四面楚歌的日本从 1944 年 4 月开始实施日本陆军在 14 年侵华战争（从 1931 年至 1945 年）中规模最大的作战计划——打通中国大陆交通线的"一号作战"计划，中国称之为"豫湘桂作战"。日军先后投入 50 余万人的兵力，孤注一掷，对沉寂已久的正面战场发动豫湘桂战役。在长达 8 个多月的战斗中，相继进行了豫中、长衡、桂柳等会战。豫中会战历时 30 多天，中美空军击落和炸毁日军飞机 160 余架，日军坦克、汽车被毁约 70 辆，但未能破坏日军的企图。在保卫衡阳的战斗中，面对日军的进攻，特别是面对日军使用毒气，中国守军英勇还击，寸土必争，流血奋战 48 天，未能取胜。在桂柳会战中，中国空军虽有制空权，但未能充分利用，实为痛惜。从整体来看，此次战役，国民党军队虽在数量上占有优势，但军事当局对日本孤注一掷的冒险进攻估计不足，以致前方兵力薄弱，作战准备欠周，因而在日军向豫、湘、桂各地进攻时，显得仓促应对。同时邻近各战区也未能以大部队向日军发动攻击，积极进行策应，使日军得以逐次集中兵力，实行各个击破，不断取得胜利。

　　这场战役的结果，国民党军队损失近 60 万人，丢失大小城市

146 座，失去 7 个空军基地和 36 个机场，日军则向前推进了 2000 公里，侵占了河南、湖南、广西等的大片土地。总计 20 多万平方公里，6000 万中国人民陷于日军的铁蹄之下，成为中国抗战史上令人遗憾而痛心的一页。

日军"一号作战"尽管在形式上完成了打通大陆交通线的作战计划，但也付出了重大代价。特别是日军在战略形势已经处于被动的情况下，硬拼凑兵力进行深入中国大西南的远距离作战，这就使其战线拉得更长，兵力更为分散，也无力保障这条"交通线"，于是这条"交通线"实际变成了一条"空线"。这一点，就连后来的日本官方战史也不得不承认："虽攻占了中国西南方面的桂、柳两大空军基地，以及比预期更早打通了法属印度支那连接线，但在全盘战争中指导意义和价值又将如何？"

另一方面，由于"一号作战"使用了大量日军兵力，这就使占领区的日军守备兵力更为薄弱，战略态势更为不利，使敌后战场抗日军民的反攻处于更为有利的形势。1944 年，解放区战场进行了局部反攻，与正面战场的溃败形成强烈对照。当年八路军、新四军和华南抗日纵队共对敌作战 2 万多次，毙伤日伪军 20 余万人，攻克和逼退敌军据点 2500 多个，收复国土 16 万平方公里，解放人口 1700 多万。到 1945 年春，全国已有 19 块抗日根据地，总面积 95 万平方公里，人口 9550 余万。八路军、新四军主力部队发展到 91 万，民兵 220 万。

1945 年 1 月，在滇缅边境和缅北，中国远征军和驻印军队在缅北的芒友会师后，继续反攻日军，取得了入缅作战的胜利。中国远征军对日作战三年多，投入总兵力约 40 万，伤亡近 20 万，用鲜血和生命书写了抗战史上慷慨悲壮的一页，为反法西斯战争做出了重要贡献。

　　抗日战争期间，旅居世界各地的广大华侨，也是一支不容忽视的抗日力量。著名爱国华侨领袖陈嘉庚不断为抗战捐钱。在他的号召和影响下，无论是富商、贫民还是乞丐，无论是耄耋老者还是学龄儿童，慷慨解囊，毁家纾难，输财捐物，支援祖国的抗战，为抗日捐钱捐物的华侨达 400 多万人，还有数万华侨回国参战，以他们的血肉之躯抗击日军，血洒疆场。一个年仅 15 岁的缅甸华侨在写给母亲的信中说："要为您有一个孩子能够回国效力，杀敌救亡而高兴"。国内文艺界也成立各种抗战协会，通过文艺作品宣传抗战，鼓舞士气。日本侵略者陷入了中华民族抗日战争的汪洋大海之中。

　　1945 年日本败局已定。中国人民经过 14 年抗战，已把日本法西斯这头"猛兽"打得满身创伤，奄奄一息了。同年 4 月，中国共产党在延安召开了第七次代表大会，毛泽东做了《论联合政府》的政治报告，总结了抗战的经验，指出当前党和人民的任务是争取独立、自由、民主、统一、富强的光明前途。他讲道："抗日战争的经验，给了我们和中国人民这样一种信心：没有中国共产党的努力，没有中国共产党人做中国人民的中流砥柱，中国的独立和解放是不可能的"。这次大会提出的党的政治路线是："放手发动群众，壮大人民力量，在我党的领导下，打败日本侵略者，解放全国人民，建设一个新民主主义的中国。"大会确立了毛泽东思想为党的指导思想，毛泽东当选为中共中央主席。在会议的闭幕式上，毛泽东用愚公移山的故事鼓励全国人民，将抗战进行到底。党的七大为争取抗战的最后胜利和建设一个新中国，做了重要准备。

　　7 月 26 日《波茨坦公告》敦促日本投降。8 月 6 日和 9 日美国在日本的广岛和长崎各投下一颗原子弹；8 日苏联对日宣战，9 日出兵中国东北。在极为有利的国际形势下，中国人民抗日战争进入全面反攻阶段。

8月9日，中共中央主席毛泽东发表《对日寇的最后一战》，指出："对日战争已处在最后阶段，最后地战胜日本侵略者及其一切走狗的时间已经到来了。"八路军总司令朱德连续发布七道全面反攻的命令。八路军、新四军和华南各抗日游击队，利用自己处于抗日最前线的有利形势，迅即对华北、华中和华南地区日伪军占领的大中城镇及交通要道展开猛烈攻势，坚决消灭拒绝投降的日伪军。晋察冀军区部队进逼北平、天津，攻占张家口等城镇，控制交通线；晋绥军区部队进逼太原，攻入归绥，夺取日伪军占据的城镇据点；晋冀鲁豫边区部队向太原、开封、安阳等城市逼近，切断同蒲、陇海、平汉等铁路线；山东军区部队向济南、青岛、徐州等地进军，切断津浦、胶济、陇海铁路交通；新四军各部队夺取苏、皖、浙地区的敌占村庄和县城；华南抗日游击队迅速攻歼当地的日伪军，切断广九铁路，收复一些城市和集镇。另外，晋察冀军区部队进军热河、察哈尔，配合南下苏军作战，晋绥军区、晋察冀军区和山东军区的一部分部队迅即进军东北，解放东北。八路军、新四军和华南各抗日游击队等人民武装，在1945年8月9日至年底的大反攻作战中，共歼灭日军1.37万余人，收复县以上城市250多座，缴获大量辎重，取得了全面反攻的重大胜利。在此过程中，解放区也获得了进一步扩大。与此同时，国民政府各条战线也迅速转入反攻。中国军队与盟军一道，终于把日本法西斯置于死地。

8月15日日本正式宣布无条件投降。9月2日日本投降签字仪式在东京举行。9月9日日本中国派遣军总司令冈村宁次在南京向国民政府陆军总司令何应钦投降。至此，中国人民终于赢得了抗日战争的

| 侵华日军在南京签字投降

胜利，台湾也回到祖国怀抱。

中国人民的抗日战争是世界反法西斯战争的重要组成部分，中国战场是抗击日本法西斯侵略的东方主战场。14年中，中国军队在正面战场和敌后战场，共进行 22 次大会战，200 多次重要战役，大小战斗近 20 万次。中国军民把日本陆军主力消耗牵制在中国大陆，不仅有力地支援了盟军在太平洋战场的作战，使反法西斯联盟"先欧后亚"的战略方针得以贯彻，而且使日本一直不敢贸然北犯苏联，苏军才能把军队从远东西调，倾全力与德寇作战。日本战败后，据日方统计，日军被中国军队歼灭 133 万多人，1945 年日本战败时，向中国战区投降 128.3 万人，这个数字几占全部海外日军 274.6 万（不包括关东军）的 1/2。中国军民则伤亡 3500 多万人，直接和间接经济损失共计约 6000 亿美元（按 1937 年的币值折算）。中国人民以自己民族的巨大凝聚力和前所未有的民族牺牲，铸造了伟大的抗战精神，终于赢得了抗日战争的伟大胜利，为世界反法西斯战争、维护世界和平做出了不可磨灭的巨大贡献。

中国人民抗日战争，是"战争史上的奇观，中华民族的壮举，惊天动地的伟业"（毛泽东语）。抗战的胜利，扭转了近代中国反抗外来侵略屡战屡败的局面，是中国人民近百年来反帝斗争所取得的第一次完全胜利。如习近平总书记所说，"这个伟大胜利，是中华民族从近代以来陷入深重危机走向伟大复兴的历史转折点、也是世界反法西斯战争胜利的重要组成部分，是中国人民的胜利、也是世界人民的胜利。"

在 1931—1945 年的十四年抗战中，人们深切地感悟到，中国共产党以其卓越的政治领导力和正确的战略策略，指引中国抗战的前进方向。中国共产党始终高举抗日民族统一战线的旗帜，坚持独立自主、团结抗战、维护抗战大局，带领民众在抗战第一线勇敢战斗，支撑起中华民族救亡图存的希望。抗日战争的实践表明，中国共产党在全民族抗战中发挥了中流砥柱的作用，成为领导中国人民争取民族独立和人民解放的坚强核心。

在中国抗击百万日寇的同时，亚洲人民与日本侵略者的斗争同样英勇顽强、可歌可泣。

朝鲜人民在金日成领导下坚持长期抗日游击战，终于在 1945 年 8 月，朝鲜人民军在苏军帮助下解放了朝鲜北部；9 月 8 日美军在仁川登陆，并进驻朝鲜南部，南北以"三八线"为界，结束了日本对朝鲜长达 36 年的殖民统治。越南人民在共产党领导下，经过长期抗日反越奸斗争，终于在 1945 年 8 月举行总起义，9 月 2 日胡志明宣布成立越南民主共和国。

缅甸人民于 1944 年 8 月组成"反法西斯人民自由同盟"，并建立缅甸革命军开展武装斗争。1945 年 5 月革命军与英印军队一道解放了仰光，此后日本侵略军兵败如山倒。马来亚人民面对日本占领军，高举象征马、华、印三个主要民族团结合作的三星旗，组成人民抗日军，在丛林中进行武装斗争，牵制了日军大量有生力量，终于迫使战败后仍不肯投降的日军于 9 月 12 日向盟军交械。菲律宾人民抗日军也多次粉碎日军围剿和诱降，坚持游击战，并于 1945 年 2 月初配合盟军解放了首都马尼拉。在印度尼西亚，各阶层人民逐渐认清了日本的欺骗政策，决心用自己的力量利用日本的战败获得国家的真正独立。在抗日团体代表与以苏加诺为首的民族主义力量协商后，1945 年 8 月 17 日正式宣布了印度尼西亚的独立。

五、日本投降——"大日本帝国"的终结

1945 年初，盟军在太平洋上的战争已向日本本土逼近，B—29 轰炸机已从马里亚纳群岛起飞对日本本土进行战略轰炸。但位于日本和马里亚纳群岛之间的距双方各约 1200 公里的小小硫磺岛却成了盟军在太平洋上取得进一步战果的一颗十分碍事的钉子。

硫磺岛只有 7 公里长，4 公里宽，但却易守难攻。它的北部是熔岩高地，南端是海拔 550 英尺的死火山折钵山，而适于两栖登陆的宽阔海滩就处于这南北高地之间。1944 年夏日军大本营把硫磺岛作为本土防卫圈的重要一环，加强其防卫力量，不仅把 2.3 万军队派驻在这仅 28

美军在硫磺岛登陆

平方公里的小岛上，而且在岛上修建了 200 多个炮位和 21 个碉堡，其间以坑道相互贯通，岛上还有两个飞机场并正在抢修第三个，准备在栗林中道中将指挥下长期死守。特别是岛上的雷达和战斗机，常能对突袭日本本土的美军飞机进行预警和拦截。因此夺取硫磺岛并把它变成盟军轰炸机的中继站和战斗机的护航基地，便成了美军必须解决的战斗。

为确保夺取硫磺岛战役的顺利进行，从 1944 年底起美军便对该岛和东京及周围机场、飞机工厂以及其他军事目标进行了太平洋战争以来时间最长的预备性轰炸，仅对小岛就投下了 2 万发炮弹和数千吨炸弹。1945 年 2 月 19 日美海军陆战队的 3 个师开始对硫磺岛进行两栖登陆作战。美军在登陆时只遇到日军轻微抵抗，但满地松软的火山灰却使部队行动困难。不久日军从折钵山和北面高地对已上滩头但无遮无盖的美军进行密集轰击，使滩头阵地顿成一片血染的沙滩。登陆第一天，3 万名登陆部队伤亡 2500 名，损失十分惨重。20 日美军攻下 1 号机场，21 日占领该岛中部，但也就在这一天，日本"神风特攻队"发挥了威力，重创舰队航空母舰"萨拉托加"号并击沉了护航航空母舰"俾斯麦海"号。23 日登陆部队终于把星条旗插上折钵山顶，南部已处在美军控制之中。24 日美军经过一天战斗，夺得 2 号机场的大部分。但恶仗还在后面，难以征服的日本掩体和地堡防线仍封锁着进入北部高地的通路，美军需爬行前进，一步一牺牲、浴血奋战，直到 3 月 9 日才抵达该岛东北端，把小岛纵向一分为二，分裂了日军防线。但彻底粉碎日军的抵抗仍需时日。直到 3 月 16 日栗林的有组织的战线才被四分五裂，而负隅顽抗的狂热小股日军直到 27 日才被肃清，当天栗林中道切腹自杀。

美军本计划 5 天结束的硫磺岛战役却打了一个多月，成了海军陆战史上最激烈、最艰苦和伤亡最重的战斗。美军付出 25000 人受伤，6000 人阵亡的高昂代价，生擒日军 216 人，其余日军全部葬身海岛。尼米兹上将曾由衷地赞美他的将士，说他们的共同美德便是非凡的英勇。最终硫磺岛的战略价值对美军的牺牲给予了回报，此后不仅日本本土处于美军战斗机的作战半径之内，而且到战争结束前，先后有 2400 架 B—29 轰炸机连同约 2500 名机组人员因能在岛上紧急着陆而幸免于难。

盟军的下一个目标是素有日本"国门"之称的冲绳岛。它离九州仅约 600 公里，地扼海陆交通要冲，是日本守卫本土的最后一个易守难攻的海上据点。日军为守住该岛，一面以牛岛满中将指挥约 10 万日军，力图诱使盟军上岸打一场长期消耗战，一面决定进行海空特攻战。他们将残存的 10 艘大型舰只集中，以当时世界上最大的超级战列舰"大和"号为旗舰，组成海上特攻队，准备向盟国海军作自杀性进攻；同时组织神风特攻队，以上百架飞机装满炸药对盟军船只实行有去无回的决死攻击。

为攻克该岛，美军制定了"冰山作战计划"，不仅组织了 18.3 万人的登陆部队，还调集包括英太平洋舰队在内的各类航空母舰 59 艘，巡洋舰 36 艘，战列舰 22 艘及上千艘其他舰艇和 2500 多架飞机，总兵力达 55 万。

3 月中旬盟军对九州各机场发动了一系列袭击，美军虽损失飞机 116 架，航空母舰"富兰克林"号也因受重伤而永远退役，但击落击毁日机 200 多架，重创日舰数艘，为进攻作了准备。

4 月 1 日，在 3 小时的轰击之后，美军开始了"二战"史上最后一次登陆作战。当天 6 万美军登上冲绳岛西岸，2 日登陆部队已推进到东海岸，然后兵分两路。向北一路进展较顺利，18 日占领北部，但南路遭到牛岛守军的拼死抵抗，双方进行了 10 多天的拉锯战，美军仍不得前进。

在冲绳岛进行地面战斗的过程中，海上也发生激战。4 月 6 日，日本海上特攻队从濑户内海出发，准备进攻盟军舰只，但出航不久即被发现。7 日美第 58 特混舰队的舰载机用炸弹和鱼雷对日舰进行了 2 个小时的持续猛攻，终使号称不沉的"大和"号葬身海底，舰上约 3000 名官兵同归于尽。另外 5 艘大型舰只也魂丧太平洋，只有 4 艘死里逃生。至此日本海军全部被歼。与此同时，神风特攻队也发动第一次攻击，6 日和 7 日两天共出动 700 多架飞机冲向盟军舰只，击沉击伤美舰 15 艘。

4 月 19 日岛上美军对日军南部堡垒发起全面进攻，但遇到牛岛守军和神风特攻队协同反击，不得前进，日军也因势单力孤而反击未果。双方相持一个多月，直到 5 月 30 日美军才得以进入已成一片瓦砾的冲绳王国古都首里。6 月 22 日日军有组织的抵抗被粉碎，牛岛切腹自尽。7 月 2 日尼米兹宣布"冰山作战"行动结束。

冲绳岛战役历时 3 个多月，日军实施了史无前例的航空特攻作战，神风特攻队共进行 10 次大规模袭击。在整个战役中，日机出动 7800 多架次，其中特攻约 2400 架次，约有 400 艘美舰被击沉击伤。这次战斗美军伤亡约 5 万人，日军除 7800 人被俘外其余全部战死，岛上平民死亡超过 10 万人。因此该

| "大和"号被美军飞机击沉

战役被丘吉尔称为"战争史中最激烈最著名的战役之一"。

日本海军自珍珠港事件后建立的海上帝国随着冲绳岛的陷落而崩溃，美军已胜券在握。但硫磺岛和冲绳岛的艰难战斗，日军变本加厉的特攻作战和举国玉碎的狂热抵抗，使美军极为担心一旦进攻日本本土所要付出的代价。恰在此时，原子弹的研制成功，为美国军方首脑在制定迅速彻底打败日本的下一步行动计划时多了一种选择。与此同时，日本对《波茨坦公告》采取的"默杀"态度和苏联迟迟不肯对日出兵，终于促成了原子弹的使用。

8 月 6 日和 9 日，在日本的广岛和长崎上空先后升起了巨大的蘑菇云，顿时两座城市变成了火海，几十万人死亡、受伤和失踪，数以万计的建筑物被毁。人类就是以这种方式跨进了核时代的门槛。

在"密苏里号"上举行的日本向盟军投降仪式

第一颗原子弹爆炸后，苏军于8月8日对日宣战，9日即出兵中国东北，对关东军发起进攻。

面对如此沉重的打击，天皇终于作出投降的"圣断"，8月14日御前会议正式作出接受《波茨坦公告》停战投降的决定，15日天皇向全国广播了决定无条件投降的诏书。

随后散布各地的约330万日军陆续向盟国投降，"大日本帝国"终于崩溃。9月2日，日本向盟军投降仪式在东京湾"密苏里号"战舰上举行。中国人民抗日战争暨世界反法西斯的第二次世界大战终于胜利结束。但战犯必须受到严惩。

六、从纽伦堡到东京——清算法西斯

1945年8月8日，苏美英法四国签订了关于控诉和惩处欧洲轴心国主要战犯的协定。根据该协定成立的纽伦堡国际军事法庭于1945年11月20日开庭，负责对纳粹德国的首要战犯和犯罪组织进行审判。纽伦堡审判的任务有两个：其一是核实认定纳粹当局所犯的重要历史罪行的证据；其二是解释并规定新形成的国际法基本原则。当时该军事法庭美方首席起诉人罗伯特·H.杰克逊曾十分清楚地指出这次审判的重要性，"对全世界来说，纽伦堡法庭判决的重要性并不在于它怎样忠实地解释过去，它的价值在于怎样认真地儆戒未来。"

该法庭对包括戈林、赫斯、里宾特洛甫等 24 名首要战犯进行了审理，还对德国内阁、纳粹党政治领袖集团、党卫队、秘密警察、冲锋队以及参谋总部和国防军最高统帅部等 6 个集团进行了审判。法庭起诉书从四个方面对被告提出起诉：（一）共同策划和密谋破坏和平罪；（二）破坏和平罪；（三）战争罪；（四）违反人道罪。在审理过程中，法庭对 3000 多份原始材料进行了认真的核实查对，并通过一个专门授权的委员会对 200 多个证人和其他数百人进行了传讯。允许为被告个人进行辩护的 22 名律师向法庭提交的书面证明材料不少于 30 万份。然而面对他们委托人所犯的无可辩驳的滔天罪行，再高明的律师也难使辩护摆脱无望的境地。在 10 个多月的审判中，法庭共举行了 403 次公审，对纳粹党自 1919 年建立以来 27 年间所犯罪行进行清算，英文审判记录长达 17000 页。尽管几乎所有战犯都声辩自己"无罪"，或把罪责推到希特勒身上，但终是铁证如山、罪责难逃。

最后，法庭判处戈林、里宾特洛甫、凯特尔等 12 人绞刑；赫斯、冯克等 7 人无期徒刑或 10—20 年徒刑；沙赫特、巴本和弗里切无罪（对此苏联法官提出不同意见）。另外，法庭宣判纳粹党政治领袖集团、党卫队、秘密警察等为犯罪组织；冲锋队、德国内阁、参谋总部和国防军最高统帅部为非犯罪组织（对此苏联法官提出不同意见）。

1946 年 10 月 1 日纽伦堡审判结束。10 月 16 日除下落不明的鲍曼和服毒自尽的戈林外，其余 10 名罪大恶极的战犯在纽伦堡监狱被处决。

与此同时，更大规模的远东国际军事法庭也在工作之中。1946 年 5 月 3 日，由美、中、英、苏、澳、加、法、荷、新、印、菲 11 国组成的远东国际军事法庭在东京陆军省大厦会堂正式开庭，对包括东条英机、土肥原贤二等 28 名甲级战犯（即犯有破坏和平罪的战犯）进行审理。中国的梅汝璈和向哲浚分别出任法官和检察官。在历时 2 年半的审判中，共开庭 818 次，出庭与书面作证者 1198 人，受理证据达 4300 件，记录达 48000 多页，判决书长达 1200 多页。整个审理过程，对日本法西斯自 1928—1945 年的侵略历史进行了深刻有力的揭露，其罪行真是天地难容、罄竹难书！最后法庭判决土肥原贤二、东条英机、广田弘毅等 7 人绞刑，其余 18 人为无期或有期徒刑，另有 3 人因病死或发疯而中止审判。1948 年 11 月 12 日审判结束。12 月 23 日，7 名罪大恶极的被判绞刑者被处死。

在东京审判之前，中国国民政府于 1946 年 2 月分别在南京、上海、北平等 10 处成立审判战犯军事法庭，对侵华日军中的 2000 余名乙级（战争罪）和丙级（违反人道罪）战犯进行了审判。南京大屠杀的指挥者谷寿夫和肆意屠杀中国人民的田中军吉、向井敏明等刽子手先后被判死刑并被就地正法。

纽伦堡—东京审判是对国际法西斯分子进行的史无前例的空前大规模的国际裁决。它采取进步的法律观点，确认了侵略战争是最大的国际性犯罪，宣告了国际正义与和平不容破坏。尽管它对个别被告的量刑不能完全令人满意，但它所做出的判决仍然是对消除国际法西斯主义和军国主义的重大贡献。

历史告诉未来

第二次世界大战是一场惨绝人寰的战争，它使人类在物质上和精神上蒙受了前所未有的巨大的双重劫难。据不完全统计，如果从1939年大战在欧洲再次爆发起计，6年中先后有61个国家和地区参战，战火燃及四大洲三大洋，交战双方动员兵力约11000万，直接军事开支达13500亿美元，物质损失在40000亿美元以上。当时占世界人口80%的17亿人饱尝了战争的苦难，军队和平民伤亡约9000万人，3000万人流离失所。但是，如果从1931年中国人民开始单独抵抗日本法西斯的侵略算起，中国人民在长达14年的抗战中，死伤人数则超过3500万！直接和间接经济损失约6000亿美元。当人类终于从血雨腥风中得以解脱时，面对残垣断壁的家园，这场战争对人类文明和道义的无情践踏仍令人不寒而栗，劫后余生者的心灵创伤史难愈合。

然而人类终于靠着自身的理智、智慧和力量，把社会制度和意识形态的分歧暂时置于次要地位，以伟大的反法西斯同盟的全面合作和战略协同，战胜了邪恶的法西斯集团，赢得了战争，赢得了和平，也赢得了进步。

今天，当我们站在21世纪的高度，以百年未有之大变局的宽广视域，以一定的时间和空间的距离来审视80年前这场伟大而惊心动魄的战争时，不禁深深感到，它所留下的政治遗产对中国和整个人类历史发展的影响是如此至深至远，以致我们仍不能完全把握它的内涵。

但是，我们还是要指出其中的重要之点。

从中国历史来看，在百年未有之大变局这个历史发展的长时段变局中，中国人民抗日战争暨世界反法西斯的第二次世界大战，无疑是其关键节点之一。中国人民抗日战争是中华民族历史上的一次血洗百年耻辱、从沉沦中奋起、"站起来"的伟大历程。在这场战争中，中国共产党率先高举武装抗日旗帜，坚持以抗日民族统一战线团结各阶层人民，以持久战武装全国民众思想，勇敢战斗在抗日战争最前线，作为全民族抗战的中流砥柱，支撑起中华民族救亡图存的希望，最终领导中华民族，彻底打败了邪恶的日本法西斯，实现了国家独立、民族解放。因此，正是中国人民抗日战争，加速了在中国共产党领导下的以毛泽东思想为指导的中国革命进程，从而加快了中国走向社会主义的历史步伐。

不仅如此，只有在中华人民共和国成立之后，中国才摆脱了贫弱状态，中国人民才真正站立起来，中国的世界大国地位也才真正得以确立。从此以后，新中国在半个多世纪的发展历程中，从站起来开始，通过改革开放富起来，继续走在迈向强起来的新时代新征程上，为实现中华民族伟大复兴的中国梦而不懈奋斗着。正如习近平总书记所说："这一伟大胜利，重新确立了中国在世界上的大国地位，使中国人民赢得了世界爱好和平人民的尊敬。这一伟大胜利，开辟了中华民族伟大复兴的光明前景，开启了古老中国凤凰涅槃、浴火重生的新征程"，"这个伟大胜利，是中华民族从近代以来陷入深重危机走向伟大复兴的历史转折点"。

从整个人类历史的发展来看，包括中国人民抗日战争在内的第二次世界大战，在战争与和平、国际格局演变、国家关系的相处模式，国际政治民主化等方面，都有着划时代的变化和进步，人类终于进入了世界整体和平的时代，实现了历史的转折。

在迄今为止的人类历史长河中，世界大战是20世纪的特有现象，且实际发生了两次世界大战，而再次发生世界大战的可能性也不能说完全消失。然而，80年来世界无大战也是一个基本的事实。究其原因，一个极其重要的因素是，伴随着人类用极端的世界级大战的手段对自己创造的物质文明和精神文明的一遍又一遍的洗劫，人类本身制约世界大战、维持世界和平的能力也达到了空前程度。这种能力的养成，除了发动侵略战争的法西斯势力被埋葬之外，还包括以下一些重要因素。

"二战"中形成的反法西斯大同盟以及由美苏英中等战胜国所建立的包括联合国在内的雅尔塔体系，第一次将美英和苏联两种不同社会制度国家之间的和平共处原则正式纳入了国际关系体系，从总体来说，它共同制约了战后两个超级大国美国与苏联，以及分别以它们为首的两大军事集团之间在产生任何争端时的行为方式，即双方不能以战争手段，而要用和平手段、协商谈判来解决处理。因此，"二战"后，美苏之间虽有多次冷战对抗，有时这种冷战对抗还相当激烈，但双方之间始终没有发生过直接军事交锋的热战。特别是中国政府始终坚持大力倡导的和平共处五项原则，越来越为世界各国所接受，并成为它们指导对外政策的基本原则，这为从整体上维持世界和平状态做出了重要贡献。

第二次世界大战以其空前的广度、深度和烈度，成为人类战争史上的一次大革命，给予军事战略和战争观以巨大影响。无论是德国的"总体战"、英国的"大战略"和美国的"国家战略"，还是苏联的"全民战争"和中国的"人民战争"，其内涵都在于综合运用军事、政治、经济、文化、外交等国家整体力量，达到赢得战争胜利的目的。但是在全面常规战争被推到如此登峰造极地步的同时，发端于战争之中，为了军事胜利的需要而出现的核武器，又使人类面临核战争的毁灭性前景。因此"二战"后自觉维护和平的意识上升到空前高度，正如丘吉尔所言，核武器使"安全成了恐怖的健壮的孩子"。无论是自觉还是不自觉，维护和平已经成为所有国家关心的首要问题。即使是在冷战最激烈的古巴导弹危机期间，美苏两个超级大国在进行核威慑核讹诈的同时，也不敢真正使用核武器，而是极力把争端和冲突限制在常规范围之内，使双方不致滑过战争的边缘，并最终通过谈判和相互妥协解决争端。因此，尽管战争并未从地平线上永远消失，局部常规战争有时亦相当激烈，但核武器的出现的确改变着战争的观念，也改变着国际关系，和平需要以全人类的力量加以维护也逐渐成为人类的共识。

第二次世界大战的胜利使国际格局发生了根本变化，300年来西欧列强主宰全球的时代终于一去不复返。与欧洲的衰落形成鲜明对比的是美国和苏联的迅速崛起。战后美国一跃而成为雄踞资本主义世界之首的经济、政治、军事大国，它渴望领导全球的欲望难以按捺；在战争中以经受严峻考验而令所有盟国刮目相看的苏联，虽在经济上逊于美国，但政治、军事亦十分强大，它在东欧帮助建立了一系列社会主义国家，形成了社会主义阵营，与西方相对而立。于是国际关系由以西欧为中心过渡到美苏对峙的两极格局。然而正是在以冷战为主要特征的两极格局中，世界发生了更为深刻的变化。

首先，欧洲在衰落中再次走向复兴。由于西欧各国已难于单独制约美国、抗衡苏联，加上经济发展的需要，欧洲共同体得以产生。今天，欧洲联盟正在朝着联邦方向前进，不仅成功地消除了困扰他们几百年的德法纷争，为欧洲的和平发展找到了一条可行的道路，也为人类在走向全球一体化过程中，提供了一个区域化发展的成功范例。其次，亚太地区的面貌发生了根本变化。在战败的日本日益发展为经济大国的同时，中华人民共和国的国际政治、经济地位也在空前提高，从而极大地改变了国际力量的对比。今天，在改革开放中继续前进的中国作为保障亚洲和世界和平的重要大国而发挥着越来越大的作用。因此，正是在两极格局中孕育着多极化的发展趋势。美国总统尼克松于 1971 年在堪萨斯的演说中提出世界有"五大力量中心"，即美国、西欧、日本、苏联和中国，并认为"这五大力量将决定世界的前途"。

"二战"中反法西斯大同盟倡导并具体实施的非殖民化原则，最终使国际政治民主化获得发展。中国人民抗日战争以对日本法西斯的坚决抗争，给世界殖民体系以沉重打击，以自己的民族解放，成为"二战"后世界范围内涌起的波澜壮阔的民族解放运动的先声。"二战"后仅仅 20 多年，伴随着新老殖民主义的式微，民族解放运动空前高涨，那些曾幅员辽阔的殖民大帝国纷纷土崩瓦解，一百多个民族独立国家在这些帝国的废墟上拔地而起，以惊人的速度结束了欧洲自 15 世纪就开始构筑的世界殖民体系。今天，193 面庄严绚丽的国旗在联合国的广场上飘扬，这是人类历史的极其巨大的进步，也是 20 世纪这一百年中最伟大的划时代转折。大批民族独立国家进入联合国，并在联合国这个多边外交的舞台上发挥自己的作用，它们反对强权政治和霸权主义，大大促进了国际政治民主化进程。这同样是百年未有之大变局中的重大变局之一。当然，耐人寻味的是，某些国家和地区也成为战后滋生局部热点战争与国际争端的温床。

第二次世界大战是一场综合国力的较量，战争的进程和最后的结局在很大程度上取决于各方的经济实力。双方为调动一切力量赢得战争，使世界各国的生产因这场大战而更紧密地联系起来。当"二战"结束、和平重新恢复，经济在高科技的推动下重新起飞之后，国际经济的联系更加密切，世界经济一体化的进程已不以人的意志为转移。进入21世纪以来，经济全球化迅猛发展，各国的经济生活中你中有我，我中有你，息息相关，不可分割。在国际竞争日趋激烈之时，国际合作谋求发展也成为必需之事，并出现了持久的和平行动。因此，正是从迄今为止最惨烈的战争中产生出的对战争自身的否定力量，才随着战后世界经济的迅速增长而大大发展，并成功地抑制了"二战"后一系列局部战争与冲突的扩大。

发端于战争当中，为了军事需要而发展起来的先进军事科学技术，为战后科学技术的新发展（一般称之为第三次科技革命）奠定了基础。科技的巨大进步，使人类在认识自然和改造自然方面更加自由，为创造人类的幸福提供了前所未有的能力。然而科学技术的负面效应也日益显见，诸如热核武器，环境污染，自然资源的破坏与浪费，生态失去平衡等甚至能毁灭我们这个蓝色星球的大难题已摆在人类面前。

产生于战争即将结束之时的联合国，作为反法西斯大同盟的宝贵遗产，在迎来它80岁生日的时候也真是感慨万千。在全面冷战的年代里，联合国在某种程度上曾一度成为一台由美国操纵控制的，苏联不断使用否决权的难以正常运转的机器。但是随着美苏两极格局中孕育的世界多极化趋势的发展和冷战的缓和与终结，历经风雨的联合国在促进世界和平与发展方面开始发挥重要作用。它对国际无政府状态的干涉，对潜在的地区热点冲突的维和行动，对经济落后地区的援助，对教育文化事业的关注，反映了历经战乱的人类理性正在做出正确的选择：较量与敌对将趋向缓和，竞争与交流将日居主导。

人类还通过百年来的两次世界大战，逐渐学会了如何相处。首先，在约束人类共同行为准则的国际法方面，对禁止使用武力作出了越来越明确的规定，从而使避免战争本身成为这一系列规定的最终目标。从《国际联盟盟约》要求会员国为增进合作保持和平与安全，承诺不从事战争之义务，到 1928 年的《非战公约》，签字国承诺废弃以战争作为在其相互关系中实施国家政策的工具，再到《联合国宪章》规定的自卫权，以及"二战"结束后战胜国对纳粹战犯和日本战犯的审判，直至 1974 年 12 月 14 日，联合国大会最终通过了有关侵略定义的第 3314 号决议，人类终于从国际法上、在战争方面完善了自己的行为规范。

当人类付出两次世界大战和冷战的巨大代价之后，开始学会处理国际争端的一种既古老而又全新的方法——通过外交手段实行必要的妥协。"二战"之后，人们更多地接受历史的教训，在处理国与国之间的矛盾与危机时表现出更多的谨慎，冲突双方都给对方留有余地，妥协的方式也越来越成为解决国际纠纷的常规手段。妥协，就意味着任何国家都不能将自己的意志强加于人，意味着参加谈判的国家在捍卫自己核心利益的同时，必须承认和照顾谈判对手的合理利益，意味着谈判双方在各自所希望得到的东西之间实现某种有取有予的平衡，意味着反对和抵制国际关系中的任何霸权主义和强权政治。妥协是斗争结果的另一种形式。"二战"以后，这种妥协的实例比比皆是：联合国的大多数决议，欧洲联合的进程，从关税与贸易总协定到世界贸易组织的成立，中美关系正常化及其发展，一些地区和国家内部武装冲突的政治解决……。在国际关系中出现的以对话代替对抗，以缓和与合作代替战争或冷战的新局面，是何等的来之不易！它是人类社会在经过 20 世纪的两次世界大战与冷战之后，进一步走向文明、走向成熟的标志。

今天，当我们站在 21 世纪的全球高度、广度和深度回首反法西斯的第二次世界大战的时候，我们看到，在人类命运遭受致命挑战之时，人类曾以自己力挽狂澜的非凡能力和智慧，战胜了 20 世纪最邪恶的魔鬼——法西斯主义，使人类文明的列车重新走上正轨。当我们进一步深入考察取得这一伟大胜利的成功经验时，我们获得了"二战"的另一个重要的政治遗产，那就是人类曾经在面临共同的敌人法西斯的时候，能够摒弃社会制度和意识形态的分歧而结成反法西斯大同盟，以空前的战略协作，团结战斗战胜了敌人。

今天，当我们处在百年未有之大变局加速演进之时展望未来的时候，我们发现，世界多极化、经济全球化、社会信息化、文化多样化方兴未艾，但世界仍然很不太平，人类面临的各种全球性问题比 20 世纪更为深刻与复杂。我们相信，人类能够以自己的智慧、理智和力量，攻破一个个难题，创造一个持久和平、共同发展、通力合作、争取共赢的繁荣新世纪。

不仅如此，人们已经惊喜地看到，为应对、解决这些问题，中国提出构建人类命运共同体的全球治理倡议并身体力行。构建人类命运共同体的思想，根植于中华优秀传统文化中"以和为贵""天下一家""世界大同"的中国智慧，基于中国对世界和平、发展、合作、共赢历史潮流不可阻挡的准确判断，是中国积极应对全球挑战而提出的中国方案，是中国为推动世界和平、促进共同发展注入的中国力量。构建人类命运共同体以应对全球挑战，当可视为第二次世界大战的成功经验在新时代改革与建设国际治理体系、处理国际关系、维护世界和平的先进理念和伟大实践。

后　记

1996 年我曾在华夏出版社、广东人民出版社出版《埋葬法西斯》一书。在纪念中国人民抗日战争暨世界反法西斯战争胜利 80 周年之际，应人民出版社之约，我又写了这本小书。本书在写作、修改过程中参考了许多相关书目，但考虑到本书是一本大众读物，故没有将这些书目一一列出，尚希见谅。对于这些参考书的作者，对于人民出版社毕于慧编辑为本书所做的努力，在此一并致以深深的感谢。

徐　蓝

2025 年 2 月

责任编辑：毕于慧

装帧设计：汪　莹

图书在版编目（CIP）数据

历史的转折 ：第二次世界大战简史 ／ 徐蓝著 .

北京 ：人民出版社，2025. 7. -- ISBN 978－7－01－027300－6

Ⅰ . K152

中国国家版本馆 CIP 数据核字第 2025H7Q557 号

历史的转折
LISHI DE ZHUANZHE
——第二次世界大战简史

徐　蓝　著

人 民 出 版 社 出版发行

（100706　北京市东城区隆福寺街 99 号）

北京汇林印务有限公司印刷　新华书店经销

2025 年 7 月第 1 版　2025 年 7 月北京第 1 次印刷

开本：710 毫米 ×1000 毫米 1/16　印张：15.75

字数：181 千字

ISBN 978－7－01－027300－6　定价：88.00 元

邮购地址 100706　北京市东城区隆福寺街 99 号

人民东方图书销售中心　电话（010）65250042　65289539